中国共产党诞生地
出版工程

何孟雄
画传

龙华英烈画传系列丛书

中共上海市委党史研究室　龙华烈士纪念馆　编

程千里　著

上海人民出版社

龙华英烈画传系列丛书编委会

编委会主任：严爱云

副　主　任：王旭杰　唐洪涛

编　　　委：年士萍　吴海勇　邹　强
　　　　　　陈彩琴　马　婉　沈申甬

出版说明

　　"一个有希望的民族不能没有英雄，一个有前途的国家不能没有先锋。"习近平总书记强调，我们缅怀革命先烈，为的是继承他们的遗志，发扬他们的精神，不忘初心，牢记使命，在他们用生命和鲜血开辟的道路上不懈奋斗、永远奋斗。为弘扬伟大建党精神、用好英烈红色资源，优化英模人物宣传学习机制，推动全社会崇尚英雄、缅怀先烈、争做先锋，从中汲取奋进中国式现代化的强大精神力量，由中共上海市委宣传部组织，中共上海市委党史研究室、龙华烈士纪念馆编写"龙华英烈画传系列丛书"，致敬为真理上下求索、为信仰奋斗牺牲的革命先驱们。

　　上海市龙华烈士陵园（龙华烈士纪念馆）是党的创建和大革命时期、土地革命战争时期著名英烈人物最为集中的纪念地，是记录中华民族近现代英雄史诗的丰碑，也是上海建设社会主义现代化国际大都市的红色文化根脉。在新中国成立前，中国共产党产生了 171 位中央委员，其中有 42 人牺牲，在龙华牺牲了 7 位，占六分之一；首届中共中央监察委员 10 人中有 8 人牺牲，在龙华牺牲了 4 位，占二分之一；其他曾在龙华被关押过的革命者更是数以千计。2021 年 7 月，为庆祝中国共产党成立 100 周年，"龙华英烈画传系列丛书"推出第一辑共 11 册，讲述了罗亦农、杨殷、彭湃、陈延年、赵世炎、陈乔年、林育南、杨匏安、张佐臣、许白昊、杨培生 11 位龙华英烈的事迹。2023 年 10 月，推出丛书第二辑 5 册，讲述了李求实、柔石、胡也频、冯铿、殷夫"左联五烈士"的事迹。2024 年，又推出丛书第三辑 6 册，讲述"龙华二十四烈士"中何孟雄、龙大道、欧阳立安、罗石冰、恽雨棠、李文、彭砚耕、刘争、汤仕佺、汤仕伦、伍仲文、蔡博真、贺治平、费达夫、段楠、王青士、李云卿等 17 位烈士的事迹。丛书按照烈士生平脉络，选取若干重要历史事件，配以反映历史背景、切合主题内容、延伸相关阅读的丰富历史图片，以图文并茂的方式叙写龙华英烈们在风雨如晦中坚持真理、坚守理想，在筚路蓝缕中践行初心、担当使命，在艰难寻路中不怕牺牲、英勇斗争，在生死考验中对党忠诚、不负人民的崇高精神，彰显了早期中国共产党人把人生价值和理想追求深深植根于谋求民族复兴、人民幸福之中，为革命披肝沥胆、甘洒热血的牺牲与奉献。

丛书所收录的图片和史料多源自各兄弟省市党史研究室、纪念场馆，以及中共上海市委党史研究室、龙华烈士纪念馆等的公开出版物及展陈，或源自英烈后代、专家学者的珍藏。基本采用历史事件发生时期的老照片，但由于年代久远且条件有限，部分无法直接利用的老照片，或进行必要修复，或通过对现存史料进行考证后重新拍摄。

丛书反映内容跨度长、涉及面广、信息量大且年代久远，编写人员虽竭尽全力，但不足和疏漏之处在所难免，敬请广大读者批评指正。

目 录

坚持真理、坚守理想的热血青年

HE MENGXIONG

始出龙潭　辗转求学志不屈

1898年6月2日，何孟雄出生在湖南省酃县中村乡龙塘村（今湖南省株洲市炎陵县中村瑶族乡龙潭村）的一户贫寒人家，原名定礼，字国正。父亲何周臣熟习诗书、为人正直，在本乡私塾执教十余年；母亲邝氏是一位敦厚贤淑、勤俭持家的农村妇女，先后生下三男三女。一家八口人虽有几亩薄田、几间房屋，但全家主要靠父亲教书的微薄收入维持生计，日子过得十分清贫，每餐吃饭配的菜，往往只是一块坛子里腌的油豆腐，或者是自己家里种的一点蔬菜。

1904年、1906年，何孟雄双亲的相继去世给了这个家庭沉重的打击，疼爱弟弟的长兄何少青从此担负起何孟雄的生活和学

何孟雄

位于炎陵县中村瑶族乡龙潭村的何孟雄故居

中村何家清代建有家族祠堂,后在祠堂办家族书院,称龙门书院,后改为龙门小学。何孟雄幼年就读于此,现已不存

民国时期的长沙街景

何孟雄画传

习费用。1911年，何孟雄从龙门学校进入鄘县梅岗书院读高小。他一方面是老师们口中"有天分，读书用功，是学生中最有出息的人"；另一方面，又是常常站出来挑战旧式教育、常挨板子的"调皮学生"。辛亥革命后，何孟雄还是该校最早剪掉辫子的学生之一，后来更与同校的贾纡青、李却非成为鄘县最早的三名共产党员。1914年何孟雄从鄘县梅岗书院高小毕业，此时已在长沙电话局工作的何少青便把他带到长沙，进入岳云中学读书。

当时的湖南，一领全国风气之先。光绪年间，谭嗣同、唐才常、熊希龄等湖南维新志士在家乡设学会、办报刊、立学堂、建企业，使湖南独步一时，成为"全国最富朝气的一省"。

清末民初，黄兴、宋教仁、蒋翊武、蔡锷等资产阶级革命派则是黄花岗起义、武昌起义、护国运动等的主要领导者和组织者；只凭一句"若道中华国果亡，除非湖南人尽死"，三湘儿女尚勇强悍、爱国救亡的革命理念和不屈精神便引得天下为之瞩目。

到民国初年，杨昌济、黎锦熙等主办宏文图书编译社，出版《公言》杂志，致力于传播中西文化、鼓吹社会改良；贝允昕、龙兼公等创办湖南《大公报》，对袁世凯复辟帝制进行猛烈抨击；陈独秀在上海创办的《新青年》杂志，也在湖南进步学生中间竞

光绪二十三年（1897年），唐才常与谭嗣同在浏阳兴办算学馆，提倡新学；在长沙办时务学堂，编辑《湘学新报》

1903年11月，黄兴等人在长沙决定成立华兴会，成为中国内地建立的第一个地域性的资产阶级革命政体。图为1905年华兴会部分领导人在日本留影，前排左一为黄兴，左四为宋教仁

长沙李氏芋园旧影

相传阅。从偏远保守的湘南山区来到满山英烈的岳麓山下，何孟雄在这里如饥似渴地阅读进步书刊，被省城师生浓厚的进步文化深深浸染。

也是在1914年，毛泽东和湖南省立第四师范学校的同学们由于学校归并，一起转入了湖南省立第一师范学校就读。在杨昌济、徐特立、黎锦熙等教员的严谨治学和悉心指导下，毛泽东和同学们并不满足于课堂知识，常常聚在一起讨论读书方法、改造社会等问题。每到周日，同学们就会到宏文图书编译社及《公言》杂志社所在地、位于浏阳门的李氏芋园碰头。

到1915年暑假，毛泽东甚至干脆住在芋园，一面听老师讲读书方法，一面与同学们畅谈学问、互阅日记。芋园成为将这些学生从"小课堂"引入"大社会"的一扇门。在杨昌济的指导下，毛泽东还与同学蔡和森、陈昌、萧子升、熊光楚、萧三等组织哲学研究小组，主要讨论哲学和伦理学问题。此时同在长沙的何孟雄同样仰慕杨昌济的学问，时常谈论杨昌济的《达化斋日记》，后来也积极参与哲学小组的讨论研究，受到极大熏陶。

然而，动荡的时局终究没有给毛泽东和何孟雄他们一张安静的书桌。1915年5月，袁世凯政府与日本签订了丧权辱国的"二十一条"修正案，愤怒的长沙学生聚集到省教育会，长郡学生代表熊亨翰当场作了慷慨激昂的演说，并一致决议举行游行示威，但终因教育会会长叶德辉横加阻挠，游行不成。长沙甲种农业学校学生彭超因此于5月24日投入湘江自杀并留下遗书："五月七日，日本之最后通牒报来，我祖国四千六百余年之神明土地，从此为外人破矣，能不伤哉！能不痛哉！我同胞应知我国之最可哭、最可惨、最可羞、最可耻的事，莫过于此次之外交失败！吾有何面目对国家也？其将何术以救国也？"消息传到湖南一师后，全校师生义愤填膺，将几篇揭露日本侵华和袁世凯卖国罪行的文章资料汇集编印成册，题名《明耻篇》，毛泽东在其封面上疾书："五月七日，民国奇耻；何以报仇？在我学子！"深受触动的何孟雄，此后领导起岳云中学"国货维持会"，积极投身于反袁驱汤[①]、爱国反日等学生爱国运动之中，并结识了学生运动骨干毛泽东、张昆弟、蔡和森等人。

　　正是在这些爱国运动的洗礼下，毛泽东、何孟雄和千千万万的进步学生不仅逐渐培养起自立自强的独立品格、不畏强权的斗

---

① 即在湖南开展的反对袁世凯复辟帝制、驱逐时任湖南督军汤芗铭的爱国运动。

争意识，而且为人民疾苦而发声、为群众利益而斗争的这颗初心种子也开始在他们心中生根发芽。到1916年时，岳云中学的许多同学都反映学校伙食变差了，何孟雄等一番调查后发现，竟然是时任庶务主任欧阳义擅自挪用学生的膳费去经商了。作为学生领袖的何孟雄带领同学们向欧阳义提意见，却反被他冠以"煽动学潮""羞辱老师"等罪名，甚至还胁迫校方给予何孟雄挂牌处分，何孟雄摔掉牌子愤然离校。几乎与此同时，为反对由校长张干提出、省议会作出的要学生缴10元杂费的新规定，湖南一师也掀起了驱逐张干的学潮。张干得知后誓要开除毛泽东等17名带头学生，后经杨昌济等教员劝说才作罢；到7月时，张干因此事被迫辞职离校。可见当时学生运动之势日起，而维权护校之风日盛。

在长沙求学期间，何孟雄兄弟俩原本一同寄宿在岳云中学校长、堂叔何炳麟家中。何炳麟是湖南著名教育家，不仅身负秀才功名，也曾求学东洋，归来后在湖南高等实业学堂、省立优级师

岳云中学长沙荷花池校舍旧景

范学堂、第一师范、长郡中学等学校都任过课。在创立岳云中学之后，一生无子的他更是省吃俭用、倾家办学，将毕生精力都献给了岳云。看到如此聪明伶俐的何孟雄，何炳麟的二夫人刘淑宜便找机会，想将他嗣为己子，以便他将来继承家产，主宰家庭。何孟雄虽然从小生活清贫，却更鄙夷几个视财如命的叔叔，不愿牵扯进家产纷争之中，因此表面上虽然没有拒绝，但巧妙迂回地提出条件，既不继承财产，也不继承家业，此事也就不了了之了。此时，何孟雄又因揭露师长丑事与堂叔起了不小的争执，导致他此后不仅被岳云中学除名，而且先后入读长郡中学、修业中学、甲种工业学校等也都因岳云中学出具信函而被迫中止学业，

何炳麟（1877—1966），湖南著名教育家，岳云中学创始人，第三届全国政协委员，曾前往日本留学，1957年2月加入中国民主促进会。何孟雄叔父。1959年4月参加全国政协三届一次会议期间，毛泽东曾赠言："勤俭办学，叫花子讨米不要钱。"其位于炎陵县龙潭村的故居与何孟雄故居相邻

从此何孟雄便与堂叔断绝了往来。

1917 年春，何孟雄改名何纯，字坦如，终于顺利考入湖南公立工业专门学校①（简称高工）就读，编入工专机械 5 班。入学后，按照高工学习课程，何孟雄曾被安排到本校机械厂实习，这成为他接触工人的开始。他还作为高工学生会代表之一，参加了长沙学生国货维持会和抵制日货的爱国运动。然而当时正值护法战争爆发，湖南成为南北军阀混战的战场之一，兵燹遍地、生灵涂炭，长沙师生们不得不暂时停课返乡，躲避兵祸。等返校时，何孟雄得知自己写有反对军阀等革命思想内容的日记本被校长宾步程私自翻阅、没收烧毁，于是再次愤然离校。

此时的中国刚刚经历辛亥革命这样史无前例、规模空前的革命运动，换来的却是外有日本帝国主义的虎视眈眈、内有连年不断的军阀混战和复辟丑剧的局面，旧中国半殖民地半封建的社会性质并没有改变，人民悲惨的境遇也没有改变。正如亲身经历过这段历史的毛泽东在《论人民民主专政》中所说："国家的情况一

---

① 湖南公立工业专门学校的前身湖南省垣实业学堂创办于 1903 年，是清政府废除科举制度前全国最早开办的三所高等实业学堂之一。据湖南大学官网记载，1908 年湖南省垣实业学堂升为湖南官立高等实业学校，1912 年湖南官立高等实业学校改名为湖南公立高等工业学校，因此简称高工。1914 年，正名为湖南公立工业专门学校。1926 年与湖南公立商业专门学校、湖南公立法政专门学校等合并为湖南大学。

天一天坏，环境迫使人们活不下去。怀疑产生了，增长了，发展了。"像何孟雄这样的热血青年曾怀着对辛亥革命和共和制度的希望，既参加过反帝爱国运动、喊过反对北洋军阀的口号，也亲身反抗过旧制度；然而，希望越大，失望带来的痛苦也越大，无数英烈的鲜血已流，"中国的出路"却仍笼罩在浓浓迷雾之中。残酷的现实驱使人们不能不对中国的现实和未来重新思考，继续向前苦苦探求救国救民的真理。何孟雄后来在《时事新报》上发表的《过去的青年》一文中也有过振聋发聩的发问："……但是从清代兴办学堂以来，受过教育的青年，也就不少，东西洋文明的潮流，激荡了多年，头脑总应该清醒些，为什么社会仍旧没有改良呢？"

1918年4月，毛泽东等一批追随杨昌济的学生在长沙发起成

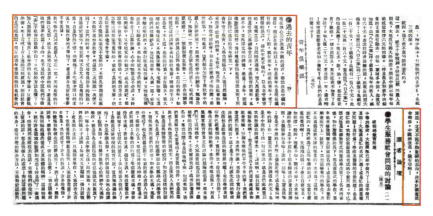

何孟雄：《过去的青年》，载《时事新报》1919年10月9日，署名"静"

新民学会会员在长沙合影

立了新民学会，抱着"如何使个人及全人类的生活向上"的大命题，旨在"集合同志，创造新环境，为共同的活动"。到6月，杨昌济已应蔡元培之聘，远赴北京大学任伦理学教授；而毛泽东、蔡和森、张昆弟等也将面临毕业之后何去何从的选择。新民学会推举蔡和森、萧子升前往北京与杨昌济、蔡元培等导师求教，带回了留法勤工俭学"颇有可为"的消息，这也让在长沙辗转求学的何孟雄动了心。当年8月，长兄何少青为他支薪借债凑足了路费和学费，亲自送他启程。何孟雄与毛泽东、张昆弟、李维汉等20余名湖南热血青年，就此来到了中国新文化运动的中心。

暂缓赴法　五四点燃爱国志

自甲午战争之后，到西方国家学习先进知识和文明，"输世界文明于国内"，是中华有志青年心中的"科学救国""实业救

杨昌济（1871—1920），
他在京寓所位于今鼓楼
东大街豆腐池胡同 15 号

国""教育救国"之路。不同于甲午战争失败后的日本留学潮和庚
子赔款后的美国留学潮，法国是启蒙运动的发源地、大革命的摇
篮，不仅教育体系成熟、学费低廉，而且第一次世界大战期间急
缺劳力，使赴法留学的学生得以"勤于工作、俭以求学"。1917
年初，蔡元培、吴玉章等先后成立北京华法教育会和留法勤工俭
学会，作为经办全国赴法勤工俭学的总机关。经杨昌济联系，蔡
元培等同意为湖南青年先在北京大学、保定育德中学、蠡县布里
村分设三处留法预备班，后又在长辛店机车车辆厂开办半工半读
的留法预备班；毛泽东亲自制订湖南学生留法勤工俭学计划，并
同萧子升等驻京主持湖南青年留法勤工俭学工作。

到北京拜见杨昌济后，何孟雄即进入留法预备班之一、北京

大学附设高等法文专修馆攻读法文，为赴法勤工俭学做准备。每逢周末假日，何孟雄不是去湖南会馆，就是到豆腐池胡同的杨先生寓所，或其他几所留法预备学校与同乡友人相聚，畅谈救国理想和抱负。许多与何孟雄关系密切的赴法学生此后经常与他通信，交流旅途和到法国后的情况。如一张寄自西贡、署名静之的明信片这样写道："坦如：我在上海动身，其时非常逼迫，没有写信给你，真正是对不起，请你原谅我罢；在上海十五号下午二时开船，十八号抵香港，其地气候与我省四月相似，是日即开往西贡，至廿一号始抵该处，斯地气候，较香港更热，同我省六七月一样。西贡街市甚齐整，两傍（旁）树木，正青青向荣之际，人行其中，几忘都市间，并有公园一，草木畅茂，布置得宜，苍菊日开，鸟兽点缀，游颂其中，令人乐而忘返……"

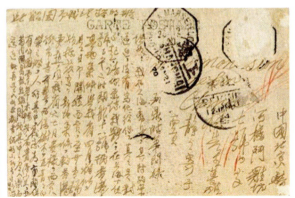

静之给何孟雄的明信片

蒲照魂给何孟雄的明信片

　　另一张明信片来自何孟雄的好友蒲照魂："孟雄：我们于六月廿五晨五钟由上海开船，历四十一日，于八月五日安抵巴黎，此次共来学生二百卅二名，内女生五名，七日便分送入各补习学校……"

　　到1918年底，第一次世界大战结束，国内南北军阀亦停战议和，动荡时局终于有所缓和。时任北京大学图书馆主任的李大钊在中央公园发表题为《庶民的胜利》的演说，更为国人带来了一道久未谋面的曙光。他慷慨陈词："这回战胜的，不是联合国的武力，是世界人类的新精神。不是那一国的军阀或资本家的政府，是全世界的庶民……原来这回战争的真因，乃在资本主义的发展……俄、德等国的劳工社会，首先看破他们的野心，不惜在大战的时候，起了社会革命，防遏这资本家政府的战争……这新纪元的世界改造，就是这样开始。资本主义就是这样失败，劳工主义就是这样战胜……劳工的事情，是人人都可以作的，所以劳工主义的战胜，也是庶民的胜利。"

李大钊（1889—1927）

正如李大钊所说："一个人心的变动，是全世界人心变动的征兆。一个事件的发生，是世界风云发生的先兆。"国际国内形势的微妙变化搅动着风云；李大钊等先进知识分子振臂一呼，使得千万学子开始对"劳工主义的新纪元"产生了热望。1919年3月，何孟雄决定先留在国内勤工俭学，于是向湖南高工索取了介绍函及履历书，正式注册为北京大学哲学系旁听生。① 当时同样

① 据"北京大学学生一览册"记载，1919年何孟雄湖南酃县哲学旁听生。1920年何孟雄，哲学系工读互助团旁听生。1923年何孟雄政治系普通旁听生，湖南人，25岁。1924年何孟雄，法文系普通旁听生，湖南人，26岁。见北京大学党史校史研究室：《北大英烈》第1辑，北京大学出版社1992年版，第63页。另据《北京大学校报》第1627期载，1918年6月后，北大开始规范旁听生招录、考核和转为正科生的规则，公布了《文法科选科生及旁听生规则》。该规则写明，正式注册的旁听生入学无试验但须有介绍函及履历书，经校长或学长之许可，然后赴教务处报名缴费，领取旁听生证（每次听讲必携此证以备检查）。

放弃赴法而选择留在国内的毛泽东这样阐述自己的考量："我觉得我们要有人到外国去，看些新东西，学些新道理，研究些有用的学问，拿回来改造我们的国家。同时也要有人留在本国，研究本国问题。我觉得关于自己的国家，我所知道的还太少，假使我把时间花费在本国，则对本国更为有利。"

1919年1月起，战后协约会议在巴黎凡尔赛宫召开，中国作为战胜国一方参与。然而在英、法、美、日、意等帝国主义国家的操纵下，巴黎和会变成了一场列强重新瓜分世界的分赃大会。大会不仅拒绝了中国代表提出的废除外国在中国的势力范围、撤退外国在中国的军队和巡警、撤销领事裁判权、归还租界、取消中日"二十一条"及换文等正义要求，还准备将战前德国在山东攫取的各项特殊权益无条件让与日本。北洋政府屈服于帝国主义列强的压力，竟准备在这个丧权辱国的和约上签字。消息传到国内，首先激起北大学生的无比愤怒，以学生斗争为先导的五四运动就如火山爆发一般轰轰烈烈地开始了——

5月3日晚，何孟雄参与了北京大学1000余名学生和其他十几所学校学生代表在北大法科礼堂的集会。会上群情激愤，决议致电巴黎专使要求拒签合约，并于次日举行示威游行。5月4日，何孟雄与3000余名北京学生冲破阻挠，齐聚天安门前，手中拿着"取消二十一条""还我青岛"等字样的各色小旗，喊着

街头演讲的北大学生

"外争主权 内除国贼"等口号，要求拒签和约、惩办亲日官僚曹汝霖、章宗祥、陆宗舆；接着，浩浩荡荡的队伍开始前往日本驻华使馆抗议。行至东交民巷遇阻后，队伍转向赵家楼胡同，匡互生、何孟雄等学生冲入曹汝霖宅，其中一名学生愤怒点燃罗纱帐，引发了大火。"火烧赵家楼"后，北洋政府出动大批军警镇压，逮捕了大批学生。

在炽热的爱国情感引领下，北京的学生们在斗争中联合起来了：北京中等以上学校学生联合会成立，2.5 万名学生举行了总罢课；为了营救被捕同学，北大成立了北京大学干事会，何孟雄参与了干事会交际股的工作，积极投入罢课、募款援救被捕同学的活动，从此成为北京大学学生运动的骨干分子。6 月 1 日，北洋政府连下两道命令，公然表彰曹汝霖等人并再次严令取缔爱国运动，这更激起了学生们的愤怒。6 月 3 日起，北京大专院校

关押学生的北大法科礼堂内外

2000 余名学生挺起胸膛、放大声音，站在通衢大道上堂堂皇皇地进行讲演。他们誓言，"如果军警来捕就让他们捕，如果第一天出发的学生全数被捕，第二天就用加倍的人数出发讲演，如果第二天发生同样情形，第三天再加上一倍，直到北京二万五千多学生和广大同情的市民全数捕完为止"。当日，包括何孟雄与北大讲演团在内的 176 名学生被警察拘捕，关押于被改作临时监狱的北大三院法科礼堂；次日又有 700 余人被拘捕，第三日却仍有 2000 余名学生走上街头。

6 月 5 日，听闻消息的上海工人自动举行罢工，支援学生的反帝爱国斗争，高潮时达到 10 万余人；罢工浪潮如燎原之火蔓延全国 20 多个省 100 多座城市，标志着工人阶级自此以独立的姿态登上政治舞台。罢工、罢课、罢市的"三罢"高潮骤起，五四运动就这样成为有工人阶级、小资产阶级和民族资产阶级参加的全国规模的群众运动，终于使资本家和北洋政府惶恐不安。

1919 年 6 月 7 日北京高等师范学校爱国学生返校时合影

6 月 6 日，北京学联发出通电，要求政府认错道歉；关押在北大三院的 800 余名学生也自发组织起来，其中何孟雄代表北大，与各校交际股干事共同负责接待各界、各团体的采访。6 月 7 日，北洋政府军警从北大撤出；6 月 8 日，北洋政府派人慰问在押学生并表示歉意，各校学生终于全部返校 ①；6 月 10 日，曹、章、陆被下令罢免，五四爱国运动自此取得了重大胜利。

　　五四运动、六三运动的亲身经历，让何孟雄坚定了反帝反封建的斗争意志。他在《过去的青年》一文中这样写道："现在的青年要彻底明白旧社会的罪恶，立定不屈不挠奋斗的志向，决不反被旧社会战胜。中国的改造，才有望咧！"

---

① 　关于何孟雄等学生被释放的具体日期，《北大英烈》第 1 辑、《何孟雄传略》（载《党史资料通讯》1987 年第 12 期）均记载为 6 月 8 日；另有《中国共产党历史》第 1 卷记载为 6 月 7 日；《中国共产党的一百年》记载为 6 月 10 日。

工读互助　热情试验新生活

　　正是由于巴黎和会打破了人们对于帝国主义列强的幻想，"触醒了空泛的民主主义的噩梦"，各种宣传鼓吹新思潮的刊物一时如雨后春笋，但其内容难免良莠不齐、泥沙俱下。何孟雄对此曾这样写道："就是半年来，革新运动的书报，加添得不晓多少。其中'打假招牌的'也有，'半身不随（遂）的'也有，'不新不旧的'也有；'似是而非的'也有；'真真实实的'也有"，"我于今不论瞧见一种什么事，即时生出几分怀疑心"。可以看到，当时的进步青年对各种来势汹汹的新思潮、新学说，努力进行着比较、选择和实践，希望能从中找到挽救民族危亡和改造中国社会的良方。

　　其中，无政府主义思潮一度流行起来。这种思想提倡"劳工神圣"、个人绝对自由，鼓舞人们奋起反对专制和强权，主张财产公有、人人劳动，甚至也自认为是"共产主义"。当进步青年们被社会上种种强权和不平等现象激怒时，无政府主义这种看起来最激烈最彻底的办法，反而特别容易博得他们的好感。1919年12月4日，北京大学少年中国学会总会执行部主任王光祈在北京《晨报》发表《城市中的新生活》一文，提出在城市中成立具有无政府主义色彩的工读互助团，在青年人中引发了广泛反响，被称为实验"新生活"、组建"工读互助团"的开山之作。

　　许多先进青年对工读互助一度抱有很大热情。毛泽东在《学生之工作》一文中写道:"学生认学校如其家庭,认所作田园林木等如其私物,由学生各个所有私物之联合,为一公共团体,此团体可名之曰'工读同志会'。"恽代英更虔诚地说道:"工读主义,实为救今世社会教育不平等之方法。"在堂叔何炳麟家寄宿求学的经历让何孟雄深知,青年唯有自食其力,才能摆脱旧家庭的羁绊、获得真正的自由,才有实现改造中国事业的可能;加之来北京预备赴法勤工俭学,原本也是半工半读、以工助学的一种尝试,因此何孟雄很快就被工读互助团的理念深深吸引。他在

《少年中国》1920
年第1卷第7期载
《工读互助团》

1919 年 11 月 29 日见报的《致张东荪》一文中表达了类似的想法："唯有智识阶级变为劳动阶级、劳动阶级变为智识阶级，具互助思想，才能改良现在社会上物质之现象。"

1920 年 1 月，王光祈在《少年中国》杂志发表《工读互助团》一文，提出"工读互助团是新社会的胎儿，是实行我们理想的第一步"，并由此正式开启了北京工读互助团的社会实验。李大钊作为少年中国学会的创办人之一，不仅大力支持王光祈的举动，还和陈独秀、胡适等一起作为发起人带头给这种实验捐款①，后来又联名为"工读互助团"向社会募捐，使其成为我国成立最早、规模最大、影响最广的一个工读主义团体。

北京工读互助团以实行半工半读为宗旨，按照"人人做工，人人读书，各尽所能，各取所需"的理想，于个人希望"依靠自己的努力度日"而过上"人生在世唯一高尚的生活"，于社会期望得到逐渐推广而最终实现"平和的经济革命"。②最早成立的互助团第一组设在北大附近的东城骑河楼斗鸡坑 7 号，包括何孟雄、施存统、俞秀松等人在内的团员共 15 人（后有两人很快退

---

① 据《新青年》1920 年第 7 卷第 3 期载，陈仲甫（独秀）捐款现洋三十元，胡适之捐款现洋二十元，李守常（大钊）捐款现洋十元。

② 《工读互助团》，《少年中国》1920 年第 1 卷第 7 期；《介绍工读互助团》，《北京大学学生周刊》1920 年第 2 期。

出），初设有食堂、电影、洗衣三股，后又设立英算专修、石印等。《新青年》杂志这样报道："食堂股共八人，分两班，每班四人，两班轮流工作。早班自上午七时至下午二（时），晚班自下午二时至九时。外雇厨司一人，以资指导。食堂开设在北京大学第二宿舍对门，房租每月六元，营业收入因开办未久尚无确定数目。"《晨报》以《寒苦学生之模范》为题报道了"俭洁食堂"开张的消息，表示"菜蔬精美价格低廉，大受各学生之欢迎"，并挂有"一日不作工一日不食""作半日工读一日书"种种格言，是"实诚寒苦学生之好模范"。

何孟雄非常认真地对待这段办食堂的经历，后来他还曾如此分享自己的跑堂经验："我又举我自己曾当过三个月的跑堂……我在跑堂的时会，自然有地域的关系；北方人有北方人爱吃的东西，南方人有南方人爱吃的东西，广东人有特别爱吃的东西。每遇广东人我举广东人爱吃的东西说给他听，那他自然喜食，就是多花几个也情愿的。同他问那种菜，有时那种菜没有了，我就举同类的菜告诉他，他自然吃相类的菜；有时他叫荤菜，我只是举同类的荤菜告诉他，再不使他想到价钱较贱的地方去。我在那时也知道营业的心理。比较别人去跑堂要多赚点钱。"

在北京豆腐池杨寓，何孟雄认识了与杨昌济之女杨开慧情同手足的湖南同乡缪伯英，并向她介绍了工读互助团的理念。此

北京女子工读互助团合影。
右二为缪伯英

《吾亲爱的姉妹们曷
兴乎来？》，载《晨报》
1920 年 1 月 21 日

后，缪伯英便与北京女子高等师范学校的同学们共同组织了工
读互助团第三组，又称"北京女子工读互助团"，主要经营缝纫、
织袜、刺绣和小工艺。她们还在《晨报》发布了题名《吾亲爱
的姉妹们曷兴乎来？》的团员招募文，号召"处黑暗的家庭，受
种种的束缚"的姐妹们参加女子工读互助团，"造就社会的新生
活"。1920 年 2 月，经李大钊、王光祈等介绍加入少年中国学会
的毛泽东到互助团第三组看望，"觉得狠有趣味"，但"也许终究
失败"。

王光祈（1892—1936）　　施存统（1899—1970）　　恽代英（1895—1931）

　　事实也正如毛泽东所预言的那样，尽管理想如此美好，但由于工读互助团的团员大多是缺少经营管理经验的青年学生，所从事的工作又收入微薄，在经济上入不敷出，第一组举办的"俭洁食堂"很快就遇到了经济困难，不仅没有盈余，反而赔了本钱。团员们尝试通过寻找业余教师的工作解决"经济危机"，但也只是杯水车薪。面对困境，第一组的团员们思想上渐渐不能一致，很快就在 1920 年 3 月 23 日召开了全体团员会议，决定就地解散、各寻出路，工读实验宣告失败。

　　1920 年 4 月，《新青年》专题刊登了李大钊、陈独秀、胡适、王光祈等工读团发起者对"工读互助团问题"的探讨。胡适认为"工读主义只不过是靠自己的工作去换一点教育经费，是一件极平常的事，——美国至少有几万人做这事，算不得什么'了不得'的新生活"，但工读互助团所选择的粗笨工作既不经济，又占用了大量学习时间。李大钊认为，都市中的工读团不适合作为一种新生活的探索，"都市的地皮、房租这样富贵，我们要靠资本家给劳动者的工资和商贾小业的蝇头，维持半日读书半日做工的生活，那里能够？"陈独秀和王光祈则认为，工读团失败"完全是因为缺乏坚强的意志、劳动习惯和生产技能三件事"，"完全是人的问题，而非经济的问题"。

王光祈虽然是工读互助团的首倡者之一，但他此时身在德国留学，对工读互助团实际情况的了解主要是通过书信报纸。为了捍卫自己的主张，他片面夸大了个人在社会生活中的决定作用，而忽视了当时的社会经济因素。他还特别点名何孟雄，认为互助团的失败"须怪自己不努力，不宜怪发起人之引诱"。恽代英随后反驳指出，工读互助团的失败主要原因不是人的问题，而是"经济压迫"的结果，并以与工读互助团性质相近的利群书社为例说，"以我一年来利群书社的生活，深信都市中作小工商业，实有不免受经济压迫的地方……我们真饱受了经济压迫的况味"，"我于孟雄君的行止，不甚清晰。但以他的话打动我的心，诚觉起初发起工读互助团时，许多思虑不曾周到，使有这种失败，你不应只说个'人的问题'便了事……只盼望你注意要组织工读互助团便要自己加入，不可只做个发起人。

　　　　　　　　　何孟雄画传

对于团员要注意他每人的反省与群众修养，不可只注意叫他不委曲求全"。他后来又总结道："在这种群雄争长的局面之下，生活是日益困难而不安定的。靠自己的力量去创造事业，出尽了穷气力还维持不住……所以这些努力，其实决没有圆满成功的希冀"。

当然，无论成功与否，这些先进青年的勇敢尝试都是极为宝贵的：因为一种学说如果只是高谈阔论而不付诸实践，很难辨别它究竟是真理还是幻想。作为实际参与者，同为第一组成员的施存统在总结失败教训时这样写道："从这一次的工读互助团的试验，我们可以得着二个很大的教训。什么教训呢？就是：一，要改造社会，须从根本上谋全体的改造，枝枝节节地一部分的改造，是不中用的。二，社会没有根本改造以前，不能试验新生活；不论工读互助团和新村。"恽代英总结自己在利群书社的沉痛教训后也得出结论："在这样不合理想的环境中，想在一局部做成什么理想事业，是绝对不可能的……须将眼前不良的经济制度，从根本上加一种有效力的攻击"，"我们应研究唯物史观的道理，唤起被经济生活压迫得最利害的群众，并唤起最能对他们表同情的人，使他们联合起来，向掠夺阶级战斗"。正是这样深刻痛彻的总结和领悟，为何孟雄、施存统、恽代英等人接受马克思主义、走上正确的革命道路奠定了基础。

关注工人　改造联合寻出路

早在长沙参与学联时，何孟雄就时常称赞黄爱、庞人铨"劳工神圣""劳动组合"的主张；而经历五四运动、六三运动之后，何孟雄更是深刻感受到了工人阶级的伟大力量。1920年5月1日，何孟雄等北京大学学生和工友500余人在北京大学二院召开纪念五一国际劳动节大会，李大钊担任大会主席并发表演说。他热情地介绍了五一国际劳动节的由来，向工友们宣传8小时工作制，并盛赞俄国十月革命的成就。当日出版的《新青年》杂志第7卷第6号《劳动节纪念号》也同步刊登李大钊撰写的《"五一"May Day运动史》作为发刊词，文中这样呼吁："我们在今年的

《新青年》第7卷第6号暨《劳动节纪念号》刊登《"五一"May Day运动史》

'五一'纪念日，对于中国的劳工同胞，并不敢存若何的奢望，只要他们认今年的'五一'纪念日作一个觉醒的日期……起！起！！起！！！劬劳辛苦的工人！今天是你们觉醒的日子了！"

在李大钊演说之后，校工、学生等相继登台发表演讲。大会散发了《我们校役夜班为什么要纪念五一节呢》等传单，指出"把全世界人人纪念的五一节当作我们一盏引路的明灯。我们本着劳工神圣的信条，跟着这个明灯走向光明的地方去"，号召大家联合起来，争取"有工大家做，有饭大家吃"。

9时，何孟雄、蒲照魂等8名同学坐上早早租好的两辆汽车，由北大出发分头赴东城、西城巡街宣传。何孟雄等人在车上一边挥舞着写有"劳工神圣""五一节万岁""资本家的末日"等字样

《五月一日北京劳工宣言》　　何孟雄（右一）巡街宣传照片

的白底红字旗帜，一边向沿途民众散发《五月一日北京劳工宣言》《北京劳工传单》等宣传品。《北京劳工传单》这样写道："我神圣的劳工朋友啊！今天五月一日是美国芝加哥工党同盟罢工争得每天八时工作、八时读书、八时休息的纪念日，外国的工人到了今天都举行这个盛会——罢工示威，现在'八小时工作'各国都实行了。他们劳动党人更要求'每天六小时工作'。各国工人还特别受不了一切不劳而食的重重剥削压制，我们的劳工血汗被他们吸尽了，一天忙到黑还得不着衣穿饭吃，我们应该赶快觉悟起来，同作这种运动，召回我们人生应有的权利和应享的幸福！劳工万岁！"汽车开至骡马市时，北洋政府警察闻讯前来拦截，并将何孟雄等车上人员全部逮捕。

另外，由邓中夏等人组织的北京大学"平民教育讲演团"则

北京大学平民教育讲演团讲演所旧景

　　　　　　　　　　　　何孟雄画传

劳工运动被捕的北大学生和工读互助团团员合影，载《北大生活》1921年12月。前排左一为何孟雄

分成5组，赴长辛店等地进行讲演。学生们听说长辛店工厂计划在5月1日罢工，9点半赶到工厂时却发现工人因为怕扣工资仍然在上工，于是只在现场散发了传单、进行了演说。可以看到，此时的何孟雄、邓中夏和同学们还是站在进步学生的立场去声援工人、启迪群众，企图唤醒工人的觉悟，尚没有真正走进工人群体之中，没有成功动员工人自己的力量。正如李大钊当年指出的："到了今天，中国人的'五一'纪念日，仍然不是劳工社会的纪念日，只是几家报馆的纪念日；中国人的'五一'运动，仍然不是劳工阶级的运动，只是三五文人的运动；不是街市上的群众运动，只是纸面上的笔墨运动。"

5月1日、5月6日，何孟雄在京师警察厅先后手书了两份供词。审讯中，他义正词严地同审问官展开当面斗争，声明自己和同学们上街游行、散发传单等行为只为唤醒社会、救国救民，

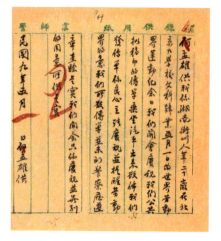
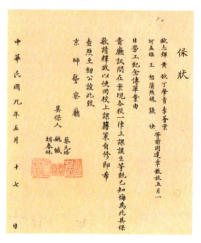

何孟雄1920年5月1日手书供词 蔡元培等保释何孟雄等的保状

驳斥了种种无理指责。《北京大学学生周刊》1920年第15期迅速刊文报道"北京'五一'运动的真相",并称何孟雄等为"我们中国第一次为'五月一日'运动而入狱现在还没有出来的八个少年"。5月17日,在北大校长蔡元培、中国大学校长姚憾、北大斋务课课长胡春林出面保释下,何孟雄等8人终于出狱。北京学联隆重迎接,并为8人合影留念。

自五四运动以来,全国各地陆续成立了各种进步团体,但各自为政、主张不一,缺少交流与联合。1920年8月,天津觉悟社社员周恩来、邓颖超等11人来京,希望"全国各地产生的大小进步团体联合起来,采取共同行动"。李大钊对此非常赞同,建议以觉悟社名义邀请北京进步团体召开会议，共同商讨革命运动的方向和联合起来进行斗争的问题。16日，李大钊领导的北京少年中国学会、周恩来领导的天津觉悟社以及曙光社、人道社、工读互助团5个团体的20余名代表，在陶然亭慈悲庵召开茶话会，共同商讨救国运动方向等问题，李大钊、周恩来、邓颖超、张申府等先后发言。李大钊指出：各团体要有一个明确的奋斗目标，"盖主义不明，对内既不足以齐一全体之心志，对外尤不足以与人为联合之行动"。

此次会议之后，五团体组成"改造联盟"，代表们又齐聚北大红楼图书馆，讨论并通过了《改造联合宣言》和《改造联合约章》，促进各进步团体的协调和统一。何孟雄所在的工读互助团小组虽已解散，但他仍以工读互助团代表的身份参加了讨论。宣言这样写道："我们集合在'改造'赤帜下的青年同志，认今日的人类必须基于相爱互助的精神，组织一个打破一切界限的联合：在这个联合里，各分子的生活，必须是自由的，平等的，勤劳而愉快的。要想实现这种大同世界——人类大联合的生活，不可不先有自由人民按他们的职业结合的小组织作基础。我们为渴望此土的各种自由组织，一个一个的实现出来，不能不奔走相告，高呼着'到民间去'！"他们还说："我们若是没有个组织，天天只是你我喊着几个新名词，互相传颂；喊到几时，也还是没

慈悲庵茶话会现场

北大红楼旧貌

北大红楼今景

有效果。"

经历了如此几番深入的实践和思辨，何孟雄等先进青年已经深刻意识到，在这里共同作"改造联合"的愿景，并不是在标新立异、玩弄辞藻，也不能再停留在喊喊口号、发发传单上；必须正确认识社会发展的规律，为担负起改造中国的历史使命去寻求科学的解决方案。

坚定理想　亢慕义斋求真理

何孟雄曾对好友说，"搞革命必须有理论指导，不弄懂理论就是盲从"，这是他从自己的亲身经历得出的肺腑之言。无论是各种学生运动的热情宣讲，还是工读互助团的勤俭实践，许多倡议和做法往往都是出自青年人的一腔热血，缺少科学的理论指导和实践检验，也因此较少触及社会发展和阶级斗争的真正要害。

与此同时，李大钊在《新青年》第 6 卷第 5、6 号上发表的《我的马克思主义观》一文，标志着马克思主义在中国进入比较系统的传播阶段。在五四运动的精神洗礼和李大钊的培养带动下，北京大学涌现了一批对学习和宣传马克思主义抱有热忱的进步青年，何孟雄就是其中之一。1920 年 3 月，李大钊主持成立了我国第一个研究马克思主义的学术团体——北京大学马克思学说研究会，发起人包括何孟雄等人。何孟雄还介绍缪伯英加入，经常在一起研读《共产党宣言》《资本论》等书籍。

研究会成立之初并不对外公开，只有用筹集的 120 元购书费购得的《马克思全集》英、德、法文各一套，也没有固定的活动场所。一次，何孟雄等研究会会员在中央公园（今中山公园）来今雨轩开会讨论，反复权衡利弊后认为"不能以学院式的研究来对待马克思主义，而应作为一种终身的事业"，因此只有公开才能争取合法地位、顺利开展工作。后来经多次争取蔡元培校长的支持，终于在 1921 年 11 月 17 日的《北京大学日刊》上正式刊登启事公开宣布成立，公布规约、招募会员，还获得学校拨给的北大二院的两间宽敞房间作为活动场所，其一作图书馆，其二为办公室。房间内墙壁正中挂有马克思像，两边贴有一副对联——"出研究室入监狱，南方兼有北方强"，还有两个口号——"不破不立，不立不破"；四壁还贴有革命诗歌、箴言格言等，气氛庄严热烈，大家都亲切地称这套房子为"亢慕义斋"，即德文"共产主义小室"（Das Kommunistisches Zimmer）的音译。

介绍和宣传马克思主义学说的热情在亢慕义斋十分高涨。在李大钊的指导下，何孟雄等研究会会员除了搜集、编译、刊印马克思主义相关文献外，还分 10 组对唯物史观、阶级斗争、剩余价值等相关议题展开专题研究。每月邀请名人学者举行的讲演

亢慕义斋旧址

亢慕义斋陈设复原

亢慕义斋藏书上都盖有会员自刻的蓝
色印泥图章：亢慕义斋图书

会，何孟雄都会去听，特别是李大钊的演说他从不会错过；每周六晚7时定期举办的讨论会，何孟雄曾多次去作过长篇发言，他头脑清醒、口才出众，常与他人辩论以求真理。

在马克思主义的传播过程中，曾经出现多次激烈的论争。1920年10月至1921年7月，英国哲学家罗素访华期间提出"中国需发展实业，振兴教育"的观点。张东荪、梁启超等人先后撰文提出中国必须依靠"绅商阶级"发展实业、发展资本主义经济的主张，反对在中国实行社会主义。陈独秀、李大钊等人纷纷撰文批驳，何孟雄也在《曙光》撰写了长文《发展中国的实业究竟要采用什么方法？》，体现了他对社会主义、资本主义乃至国际劳

1921年马克思学说研究会部分会员的合影。前排左二为范鸿劼、左五为何孟雄、左六为黄日葵、左七为缪伯英，后排左六为邓中夏

动分工等方面的深刻认识。

　　他首先揭示了发展实业的根本目的："我们想发展中国的实业，是开通民智，大家得到满足的生活，进而谋世界民族的平等，再不把中国这个地方为别的民族的市场，为别国资本主义的奴隶"，"……才不致演出欧洲产业发达（劳工却受压迫）的惨剧来……"他指出，社会主义和资本主义都主张发展实业、振兴教育，只是方法不同导致了结果不同："实业的发展不过是三个元素：资本、劳力、原料三者而已。前者（资本主义）是归少数人享其利益，后者（社会主义）主张人人都享同一的利益。前者造成一些资本家，少数的特殊阶级；后者打破一切的特殊阶级。"

　　面对中国当时的现状，他指出，"我国是各资本国的劳动阶级，也可以说我全国的人民都是各国的劳动阶级……若要解除全国人的不幸，非铲除资本的压迫是永不能有生的一天"，"各国都想扩充市场，想以大资本来经营恢复其经济状况……兼之外国资本家在我国政治上处处占利益，交通运输他们都得到优越地位，本国的资本家处处反形劣于他们，照此说起来，怎么可以和他们竞争？"

　　他还畅想了实行社会主义后的中国："中国的产业可预先把全国的生产机关计算一下，把产生大批原料的地方，和生产的机关联合拢来，按需要的急缓，再使全国的人都变为一种生产的人"——这是计划经济思想的雏形;"那时的交通及转运归为公有了,全国的产业已成为全国人所有"——这是公有制和集体所有制思想的雏形。他大声疾呼:"难道劳动阶级注定必须受资本主义的痛苦吗?你们已知道人类彼此没有什么神秘的事情,这种事也许可以避免的。"

真理不辩不明。对于何孟雄等最早的一批共产主义知识分子而言,追求理想、坚持真理都不得不经历一个艰苦探索的过程。正是在一次次朴素的抗争、一个个真诚的发问中,在一次次艰难的试验、一场场激烈的辩论里,"只有马克思主义才能救中国"的信念成为他们的共识,共产主义从此成为何孟雄等进步青年的坚定理想。

二

践行初心、担当使命的工运先驱

深入工人　补习学校践初心

1920 年 10 月，北京共产党早期组织在李大钊领导下成立，取名为"共产党小组"；11 月，北京社会主义青年团成立，邓中夏、何孟雄、缪伯英等成为第一批团员，并很快被吸收入前者，成为北京共产党早期组织最早的党员之一；年底，北京共产党早期组织正式定名为"共产党北京支部"。

革命道路一旦确定，思想的转变很快就反映到行动中。在湖南高工读书时，何孟雄就曾进入学校开办的机械工厂实习近两年；在工读互助团时，何孟雄再次深入体验了北大印刷工人的工作，对工人受剥削的现状感同身受。他在《北大待工人的情形》一文中愤慨地写道：尽管"北大是文化运动的发源地，又是全国的学府，一举一动，都可以为全国的表率"，但"现在普通一班待遇工人简直把工人不当'人'：什么领袖啦！头目啦！……等等。一层一层的枷锁，奴隶我们，把我们的气力，人格做他们的营业贩卖品"。北大庶务主任李辛白是白话文倡导者之一，积极投身新文化运动，此时却站在了工人们的对立面。何孟雄直言："不要听文化运动功臣们的门面话呢！自己没有本事只管蓄本领去，不要……上当呢！"到 11 月时，印刷工人已被拖欠了 4 个月的薪水，有强硬要钱的早被差遣走了，有人当了棉衣、铺盖，还有人生了病。1920年11月16日，何孟雄发动70多名北大印刷厂的工人举行了首次罢工斗争，并在学校各处贴出了这样的告示：

> 同学们注意呀！
>
> 最高的学府底下一层地狱，你们看见吗？最高的学府内竟加工人以"非人"的待遇，你们知道吗？印刷工人几月不发薪，李辛白还说大学教授也好几月不发薪，工人们比得大学教授吗？工人们质衣典当，维持了几个月，屡次要求发薪，（李）假语搪塞。我们的伙食一列（律）停止了，空肚子不能做工。工人们今日忍无可忍，全体议决"罢工"。
>
> 我们是争——
>
> 我们工人的人格！
>
> 劳工运动的朋友们！
>
> 文化运动的朋友们！
>
> 光明发源地也忍有一层地狱在底下吗？

有组织的罢工和有感染力的宣传，迫使李辛白不得不在当天就发给了一个月的欠薪。当月24日《民国日报》副刊《觉悟》刊出署名"孟雄"的《北大印刷工人罢工底始末》，该文详述此

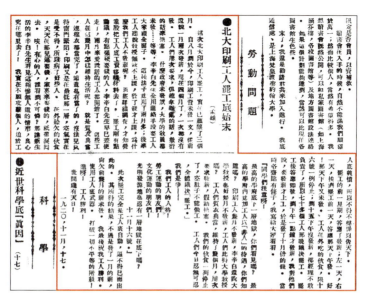

《北大印刷工人罢工底始末》，载《民国日报》副刊《觉悟》1920 年
11 月 24 日，署名"孟雄"

事缘由经过，并在最后祝工人胜利："使用工人底武器，打破一
切不平等的阶级！进呀！工人胜利！世间总有天日！"这也成为
何孟雄领导的第一次罢工斗争。

尝到了第一次胜利的果实，此后何孟雄在北京共产党早期组
织的安排下，开始深入地开展工人运动。11 月起，他和邓中夏
等到长辛店、南口、唐山等地广泛开展调查访问，并深入工人宿
舍，随同工人下矿井劳动。

长辛店火车房

起初，工人们并不理解学生们的目的何在。他们大多认为，这些学生们和以往经常来宣讲演说的那些学生一样，大都是未来要当大官的金枝玉叶，对工人们的实际处境只是一知半解；官僚和资本家又散布学生是来掀动工潮、捣乱破坏的过激派，工人和学生之间的关系就更加若即若离了。为了打破工人和学生之间的这道无形界线，党组织经反复讨论提出了"学生生活工人化"的口号，提倡在生活上吃苦耐劳、勤俭朴素，与工人们打成一片。

几个月在工人群体中的所见所闻，不仅为党选择工人运动据点提供了充分参考，而且也为何孟雄从亢慕义斋带出来的马克思主义理论提供了鲜活的案例。他于 1920 年 12 月至 1921 年

1月期间在《时事新报》集中发表的4篇文章，充分体现了他对开展劳工运动、与不合理制度展开斗争的真知灼见。在《劳工运动究竟怎样下手?》一文中，他从如何改造工人的思想和工人的组织、怎样通过教育训练培养工人的组织性团结性、怎样使工人认同并加入劳工运动等方面，基于自己的深刻认识和丰富经验作了极具操作性的阐述，使读者十分容易"下手做"，成为他作为工人运动活动家的代表作之一。比如在宣传方面，他指出笃信命定的神祇思想是中国工人无法站起来抗争的根本原因，对于机械厂工人，可以通过边做工边介绍机械原理激发兴趣；对于略有见识的城市工人，可以利用各种宗教信仰等例子因势利导、举例阐释；对于乡村工人则要"共愁苦、通有无、施小惠"，用新奇的故事引起他们的自发传播。在组织方面，他指出"最困难的，就是难免头目，师傅的垄断……要平时无事的时候用种种方法，使大家能够发去（言），大家在无形中打破工头，头目师徒制度"，紧接着又发表《徒弟制改革的商榷》一文抨击师徒制的弊病，体现了他在组织工会方面持续深入的思考。

过去在工厂工作的经历让何孟雄深知，只有与工人共患难、共疾苦，才能日久见人心。他举自己离开高工机械厂时工人的一番话说："我们前疑你会加害我们，因为你懂机械，你多做了实习，会把我们的饭碗夺去，我们心里很不愿你在此。于今才晓你是来和我们帮忙的。"他还指出："工人运动要耐得烦，要在实验室做实验一样，尽管以研究科学的态度来做劳工的研究。……我好多做劳工运动的朋友，做了一两次失望的事，面有难色，说什么现在中国谈不得劳工运动。我请问，这时不能谈运动要到那时才能?"就这样，边做工、边谈心、边总结，何孟雄一步步地建立起了一套适应中国工人现状的工运实践方法论。

1921 年 1 月 11 日，北京共产党早期组织在工人夜班通俗学校基础上筹办的长辛店劳动补习学校在祠堂口胡同 1 号三合院正式开学，点燃了北方工人运动的星星之火。学校由专兼职教员轮流授课，白天给工人上课，晚上教工人学习，教材由教员根据工人需求自行编写、油印下发。何孟雄担任学校兼职常识课教员，每周步行往返六七十里去长辛店讲课。

识字课上，教员们从工人的生活日常、常用工具器物开始教工人识文断字，如做工、干活、钳、锤、锉、锯等。常识课则从为什么打雷下雨，一直讲到政治上，讲到什么是政党、什么是工人阶级、什么是阶级斗争；李大钊为使工人理解"劳工神圣"，启发工人们说：资本家永远把工人当机器、当工具看待，工人要争取做人的权利。他还在黑板上写下"工人"两字，说明"工人

长辛店劳动补习学校旧照

长辛店劳动补习学校今貌

长辛店劳动补习学校工人用的课本

是天"，是顶天立地的人，是最伟大的阶级。

　　凭借滴水穿石的耐心和真诚俭朴的作风，工人们终于渐渐放下了戒备。工人和学生之间的称呼，也从史师傅、何先生，变成了老史、老何，后来更以绰号相称。见学生们生活简约、烟酒色三不沾，工人便统称他们为"清教徒"；何孟雄对人说话腼腆被叫作"小闺女"，高君宇举止斯文被称为"老夫子"，如此种种，被叫绰号者也不以为忤。何孟雄等南方学生还主动利用《工人周刊》编辑宋天放编印的《应用京话词汇》，学会了简单的北京话，以便与工人们更好地沟通。经过一段时间的学习，多数工人能够写简单的书信，一些人可以读书看报，更有基础较好的工人勇于把日常生活和工厂发生的一切不公平写出来；各地共产党早期组织的刊物《劳动周刊》《劳动音》《共产党》等也都在这个学校里出现了；到中国共产党正式成立后，史文彬、杨宝昆、王俊等都加入了党，成为中国共产党最早的一批工人党员。

北洋政府交通系的官员看到工人势力发展，担心影响统治，便指使总管工头们于1921年3月也开办了一所"职工学校"，企图挤垮劳动补习学校。但在党组织的领导下，劳动补习学校越办越好，工人们更加团结了，"职工学校"很快就办不下去了。

5月1日，京汉铁路长辛店、天津、保定等地千余名工人在长辛店隆重举行五一国际劳动节庆祝大会，并在大会上议决成立长辛店铁路工会。邓中夏在会上作了热情洋溢的演讲，散发了北京党组织的宣传品。10月20日，为清除混入工会的工头、司事、巡警等，长辛店机器厂、修车厂、工务厂的工会代表召开联席会议，决定将长辛店铁路工会改组更名为长辛店工人俱乐部。此后，一批由共产党人领导的，方向明确、组织坚强的产业工会和地区工会组织，如雨后春笋破土而出、茁壮成长，为即将到来的全国第一次工人运动高潮，做了组织上的准备。中国共产党的第一份理论刊物《共产党》称赞长辛店"组成了一个工会，办理（得）很有条会（理）……他们的努力，实可令人佩服，不愧乎北方劳动

长辛店工会成立后，工友们在火车头前合影

长辛店工人俱乐部证章

届的一颗明星"。何孟雄后来虽然前往其他地区开展工人运动，但长辛店"这颗明星"的闪耀也有他的一份贡献。

峥嵘少年　万里龙江做楚囚

"出研究室入监狱，南方兼有北方强"，北大亢慕义斋墙上张贴的这副对联，由马克思学说研究会会员宋天放手书，取自陈独秀和李大钊的诗句。上联意指研究会既搞研究又干革命，有时刻准备坐牢的觉悟；下联则指南北同志团结互助、同心一德。这不仅概括了亢慕义斋进步青年奋发图强的精神，也成为何孟雄日后革命生活的真实写照。

1921 年 2 月，青年共产国际（Young Communist International，又译"少年共产国际"）东方部书记格林来华，邀请中国社会主义青年团组织派代表赴莫斯科出席青年共产国际第二次代表大会。由于此时全国社会主义青年团代表大会尚未召开，因而由上海和北京的社会主义青年团各派一名代表参加。其中经上海共产党早期组织研究，上海社会主义青年团委派俞秀松为代表，于3月29日离沪北上，经北京、奉天、长春、哈尔滨、伊尔库茨克一线抵莫斯科，6月14日与张太雷、陈为人等入住共产国际宿舍。7月9日至23日，青年共产国际第二次代表大会在莫斯科举行，俞秀松被授予表决权，张太雷、陈为人被授予发言权，瞿秋白担任翻译，其余还有14名上海社会主义青年团组织成员。《中国代表团在青年共产国际第二次代表大会上的报告》这样提及了长辛店工人运动的成果："……我们在上海、长辛店、长沙等地开办了补习学校……以便帮助工人改善劳动条件、获取较高的工资、减少工作时间……我们已成功地在上海、天津、长辛店组织了若干工会……"

然而长期在长辛店工作的另一名中国代表——北京社会主义青年团推选的代表何孟雄，此刻却缺席了。3月16日，北京社会主义青年团曾专门开会讨论参加青年共产国际第二次代表大会的人选，何孟雄以多数票当选。会后，何孟雄负责起草了《北京社会主义青年团致国际少年共产党大会书》交予格林。他这样写道："……我们久想和世界具有革命精神的青年联络，但未能如愿以偿……我们的青年团成立只有 4 个月，现有团员已过半百之数，但我们相信，我们的团体将来必然发展得很快。我们的报告将用种种的可能的方法，送达国际少年共产党的总局或东方局。国际少年共产党万岁！共产主义——解放全人类之主义——万岁！"

3 月 30 日，上海代表俞秀松一行来到北京，但由于路费问题在北京耽搁了几日。何孟雄与格林等先行离京出发，准备由满洲里出境入俄。因为缺乏秘密工作经验，包括何孟雄在内的 13 名各地赴俄同志在到达中俄边境的满洲里时，很快遭到当地奉系军警的严密盘查，随即被押解至黑龙江陆军监狱。由于身上被搜出了前往莫斯科的介绍信，他们只得承认此行赴俄主要是为了考察教育工作。在审问过程中，何孟雄等人能言善辩、据理力争，让亲自审问的黑龙江督军 ① 哑口无言，十分难堪。此后的十几天内，陆军监狱更是对他们施以严刑拷打，何孟雄手指甲被扎入竹签，手腕也被捆肿，被折磨得遍体鳞伤，但他仍严守秘密，宁死

---

① 罗章龙著《椿园载记》、曹仲彬著《何孟雄传》、奚金芳、邵敏编《何孟雄研究文集》均记载此时亲审的督军为孙烈臣，但孙已于 1921 年 3 月 12 日调任吉林省督军兼省长，3 月 28 日赴任；由吴俊升署黑龙江省督军兼省长，3 月 26 日赴任；相关新闻见《晨报》1921 年 3 月 12 日；《盛京时报》1921 年 3 月 27、30 日。吴俊升吐字不清，被人戏称"吴大舌头"，且性格强悍残暴，似乎更符合此处的审问者形象。

位于中俄边境的满洲里火车站旧景

不屈，并自比宋江、钟仪，在狱中写下了"当年小吏陷江州，今日龙江作楚囚"的诗句，并表明了自己"从容莫负少年头"的志气。

尽管奉系军阀严密封锁消息，何孟雄还是设法把自己一行不幸被捕的消息传送至北京社会主义青年团。4月24日，青年团在大会上讨论了何孟雄的来函，指出他既是受组织推荐而去，现在被捕，"理应尽力请公决办法"。4月的黑龙江仍是冰天雪地、寒风彻骨，狱中生活极为艰难。青年团的同仁一方面先寄去寒衣、

食物、药品等；另一方面向蔡元培校长说明原委，请学校出面。李大钊更动用了自己在黑龙江的人脉关系疏通转圜，还先行垫付了往返交际以及何孟雄的回程路费共 400 元，团员们也慷慨解囊、分头募捐。青年团以北京大学名义拍发电报后又过了一段时日，才终于等来黑龙江督军署同意开释的复电。①青年团于是又派人持北大公函前往东北办理保释手续，督署办案人还宣称："咱衙门向来是'捉贼容易放贼难'！这次算京师大学堂有面子，一切免究。这重大案子就轻易处理了。今后难免还要打

---

① 曹仲彬著《何孟雄传》将何孟雄等人被捕的原因归咎于北洋政府密探关谦。然而，一则关谦汇报对象是直系军阀、北京卫戍司令部步军统领王怀庆，而逮捕何孟雄等人的是正与之剑拔弩张的奉系军阀，两系军阀恐难以互通有无；二则关谦在次日就汇报了情况，直系军阀如认为罪名确凿、欲逮捕何孟雄等人，不会放任自己的情报成果进入奉系势力范围；三则奉系军阀如确得密探报告，应知晓何孟雄等人赴俄所为何事，也就不会轻易释放了。

交道哩！"

等何孟雄6月返回北京大学时，"风尘满面，虮虱遍体但精神还饱满"。罗章龙赠诗与他：

闻道邻邦泽水流，
网罗冲决压神州！
少年意气峥嵘志，
万里龙江做楚囚！

为纪念这一事件，何孟雄还特地为自己取了个"江囚"的笔名。他自己这样形容第三次被捕的经历："此次坐牢，殊出意外，但机会难得，确也增长了不少见识。"的确，从1919年到1921年的3年间，何孟雄接连3次被捕，前两次是因为参加上街讲演宣传，在出发时就做足了可能被捕的心理准备，不能算作"意外"；而这次在黑龙江被捕虽然事出突然，但他不屈的意志却愈磨愈坚。五四运动、六三运动时那个满腔热血的爱国青年，如今已经渐渐明确了自己的初心使命，那就是通过工人运动为劳苦百姓谋幸福、通过党和团的青年运动为中华民族谋复兴。

然而，由于北京社会主义青年团早期建立时注重广泛性和群众性，只需经两名团员介绍就可参加活动，审查不严导致团员身份比较复杂，甚至混入了关谦等北洋政府的密探间谍。加上经费紧张、人员变动、当局加强管控等问题，等到何孟雄返京，北京团组织已于 1921 年 5 月起停止活动。尽管如此，何孟雄依然把工作重心放在工人运动的前线。

文字为剑　深入工人作宣传

1921 年 6 月，北京大学的学生已经进入暑假，邓中夏等人在西城又办起了一个暑期补习学校，与长辛店劳动补习学校遥相呼应。当北京共产党早期组织收到中国共产党第一次全国代表大会即将在上海召开的消息时，就立即在党员较为集中的西城补习学校召开会议，最终推举张国焘、刘仁静参会。虽然何孟雄因为身在长辛店而没有在候选之列，但他在长辛店的工作成果和经验总结还是被带到了上海。7 月 24 日，张国焘作《北京共产主义组织的报告》，向大会汇报了北京共产党早期组织创办长辛店劳动补习学校、成立长辛店铁路工人工会等情况。中共一大通过的《中国共产党第一个决议》，也充分吸收了北京党组织的意见，明确提出："本党的基本任务是成立产业工会……工人学校应逐渐变成工人政党的中心机构。"

1921 年 8 月，根据中共一大通过的《中国共产党第一个纲领》，北京党组织在原来的"共产党北京支部"的基础上成立了中共北京地方委员会，李大钊任书记。北京地委下设立东城、西城、西山、长辛店机厂等支部，其中西城支部以北京女子高等师范学校和北京高等师范学校的党员为主，由缪伯英担任书记。

从豆腐池杨寓的初识，到马克思学说研究会、工读互助团的共

1922年，李大钊（后排右三）与缪伯英（一排右四）等北京女子高等师范学校学生合影

龙华烈士纪念馆藏印有"伯雄藏书"印章的《前锋》杂志

何孟雄、缪伯英结婚照

中老胡同今景

同探索，何孟雄和缪伯英两人因为相同的理想抱负走到了一起。1921年10月9日重阳节，何孟雄与缪伯英在北京景山西街中老胡同结婚。两人刻下的一枚"伯雄藏书"结婚喜章，见证了这对"英""雄"夫妇为共同理想奋斗的生命旅程。

与此同时，为了尽快组织起工会的力量，中共中央局很快于1921年8月在上海成立了第一个领导工人运动的公开机构：中国劳动组合书记部，由张国焘任书记部主任。不久，中国劳动组合书记部北方分部在北京成立，由罗章龙任主任，《工人周刊》成为北方分部的机关刊物。经过高君宇、缪伯英、罗章龙等人几次谈话沟通，何孟雄终于下定决心参加北方分部的工作，负责天津、唐山、郑州、洛阳、徐州等地的工人组织事务，并担任《工人周刊》编委常委。

11月8日，陇海铁路铜山车站机车厂发生"八号门"事件，

陇海铁路铜山车站
机车厂旧景

又接连无故开除 20 多名工人，被外籍总管长期残酷虐待的铁路工人终于忍无可忍——罢工从机车厂开始，全路其他工人也纷纷响应号召，最终在 20 日宣布：陇海铁路全线罢工。

与此同时，领头的游天洋等派人赴京向中国劳动组合书记部北方分部寻求指导，但路上受阻，未能及时赶到。18 日晚，得知陇海铁路罢工消息的李大钊主持召开北京地委扩大会议，商讨支援问题。面对陇海路复杂的政治形势，刚刚参与实际工作的何孟雄不无担心地说道："陇海路向来是交通系势力根深蒂固的大本营，上层员司的组织极有力量，工人待遇很低，缺乏斗争训练，对书记部来说是最薄弱的一环，最好在罢工消息证实以后由书记部发表援助罢工公开宣言，看形势发展，再采取具体对策。"刚从太原来参加会议的王仲一毫不留情地说道："人家已经行动起来了，我们却在说空话，看你有啥用？照你的话，那么书记部的招牌不如索性摘掉吧!"何孟雄的发言体现了他的谨慎态度,但很快就被同志们的慷慨陈词说服。会议决定,中国劳动组合书记部北方分部全力以赴支援陇海铁路工人大罢工,派罗章龙为代表前往洛阳与陇海铁路罢工的指挥机关建立联系,发挥书记部的领导作用;在罗章龙离京期间,由何孟雄、缪伯英共同代理书记部工作,《工人周刊》的编辑工作也由何孟雄代理。

在中国劳动组合书记部北方分部的支持下,延续近10天的陇海铁路大罢工在工会取得胜利后宣告结束。1921年12月4日,何孟雄以"之君"的笔名在《工人周刊》发表《敬告陇海路工人》《陇海路罢工之大胜利》两文,在宣告陇海路工人罢工胜利的同时,将工人提出的10项条件逐一列出并给出建议,更明确指出工人和非工人阶级不能并存,压迫仍在则斗争不止,这为日后的工人运动提供了宝贵的借鉴。他在《读了〈本社旅行记者的来信〉以后》中这样写道:"我知道中国劳动组合的运动,从此要大放光彩了。可是这呱呱堕(坠)地的小孩子,后来的生命,还是握在我们最亲爱的工人的手里呢!……诸位呀!前有猛虎,后有毒蛇,赶快努力,战胜敌人,才是我们劳动组合运动大放光彩的日子!"

除了及时报道罢工一线的成果,何孟雄还擅长以他质朴通俗的文字、热烈恳切的文风向工人们宣传马克思主义、介绍工人运动。因此在何孟雄的主编下，这一时期的《工人周刊》充分体现了他在工人运动方面的实践与真知。1921年年底，何孟雄以"之君"的笔名撰写的长篇论述《经济学大要》在《工人周刊》上连载6期，不仅详细介绍了罢工、怠业等"抵抗掠夺阶级"的武器，还专门用一期的篇幅向工人介绍马克思的生平。面对文化程度不高的普通工人，他并没有讲什么高难深奥的马克思主义原理，而是用通俗的语言向工人们介绍马克思为工人作出的种种贡献；他深知工人们的思维习惯，因而将马克思与一些伟大人物作比，指出他是真正值得崇拜的、值得时时纪念着的工人的"福星"。这些只有住进工人"锅伙"里才能得来的认知，让何孟雄能从工人们的需求出发，将马克思主义通俗化、口语化地传达给工人们。

何孟雄在《工人周刊》先后发表的几篇演讲稿，则从另一个侧面体现了他极具鼓动性的行文风格，从中可以管中窥豹地了解他在工人中开展宣传工作的卓越能力。1922年1月，在中国劳动组合书记部武汉分部领导下，京汉铁路江岸工人俱乐部举行成立大会，并推选杨德甫任委员长、林祥谦任副委员长、项英为秘书，聘请施洋为法律顾问。何孟雄作为中国劳动组合书记部北方分部的代表到场发言，他开门见山地告诉工人们：像马克思、列宁这样"对工人运动具极大的热忱，肯为工人的利益牺牲地位、

牺牲性命，不论历什么痛苦都不退却，没有一点利用的心思，不
骗工人。这种人才是工人之友"。他还劝解工人，革命是与工人
利益休戚相关的事："若有经济革命，这种革命就是工人的事。
他们是想和工人谋幸福，而工人不察，以革命是不可的事，这就
大错而特错。"这篇题为《谁是工人之友》的演讲稿后来以"江
囚"的署名发表在 1922 年第 29 号的《工人周刊》上。《五四时
期期刊介绍》将这篇文章作为《工人周刊》的代表作之一，称其
"为工人阶级提供了识别真假朋友的试金石"。

　　何孟雄的这次演讲，对工人们而言不啻是一次马克思主义的
洗礼。当时在座的林祥谦虽然已经参加了中国劳动组合书记部武
汉分部的工作，但他还是第一次听到马克思、列宁的名字，第一
次听到"社会革命"的名词，第一次知道可以建立工人自己的

新国家。这不仅使林祥谦耳目一新，也为他日后成为一名坚定不屈的共产主义战士指明了方向。

次周的第 30 号《工人周刊》发表了何孟雄在长辛店工人俱乐部的演讲《无产阶级的战术》。他先以"无产阶级的战术即工人阶级与资本家开战的方法"破题，指出资本主义的"营寨"虽然组织精密，但工人阶级占据多数优势，只要无产阶级能够联合起来，建设无产阶级的国家、定出无产阶级的法律，全社会的人就能过上平等的生活，而没有阶级、国界和种族之分。这篇充满战斗性和革命精神的雄文，用极为通俗的大白话讲清了阶级斗争的本质、鼓舞了工人阶级的斗志，更描绘了共产主义的远大目标，成为用马克思主义阶级斗争理论武装工人的先锋号。

很快，"无产阶级的战术"就在长辛店得到了实践运用。

位于武汉市江岸区车站路的汉口车站，是京汉铁路南段的终点，又名大智门车站

1922 年 5 月 17 日的《晨报》刊载了这样一条消息："……翻沙厂工头邓长荣偷窃厂内的铜瓦，被警察拿获，正当直奉战争之际，局中无人负责，邓某四处运动，幸为了事。不料此事为工人周刊社访员所探知，登诸报端，邓长荣误为陶善琮所为，将陶痛打一次。工人俱乐部闻讯，多数部员都抱不平，决要报复，又于十四号下午两方聚二百余众大战一场，陶善琮这方伤了很多人……"

工头邓长荣一向欺压工人、作恶多端，工人俱乐部成立后更是到处散布流言蜚语，企图破坏工人的团结。此次斗殴事发后，工人们要求开除邓长荣的声音又被置若罔闻，终于酿成了全体罢工的工潮。为了声援工人，5 月 24 日、28 日，何孟雄以"子静""静"的笔名接连在《晨报》撰文，披露邓长荣"原来是办工会的人，后来被交通系收买了，专门破坏工会"；"听说交通系除了他的工钱之外，另还给八十元兼薪"；"听邓某已到宛平县，控告劳动补习学校的教员和陶某、武某等。工人闻听之余，全厂工人请假，愿到北京来和邓某打官司。厂长因工人有千余人以上，无法制止，只得将邓某停止工作，以息众怒。现在不敢回长辛店，因为长辛店的工人自老至小，无不痛恨"。在长辛店工人俱乐部的组织领导，以及何孟雄撰文揭露的宣传攻势下，长辛店的工人们众志成城、坚决斗争，使得邓长荣不仅被工厂停职，更写下悔过书声明"誓不在长辛店工作，为工界罪人"。这场斗争终

《晨报》1922年5月17日、21日接连报道长辛店工潮事件

以工人们的胜利而告终。

借助《工人周刊》等报刊的影响力，何孟雄以多样的体裁、活泼的文风，为各地工人送去了革命斗争的理论法宝，也为马克思主义理论与中国革命实际相结合提供了宝贵的实践经验。

特派密查　京绥铁路建组织

"工农阶级是民族解放底领袖。工农阶级底领袖是民族解放底领袖。忠实工人阶级底工人为工人利益而奋斗而牺牲，这就是工人领袖。"这把如今收藏于中国国家博物馆的扇子，是何孟雄离开南口时题写并赠予南口铁路普通工人张晓会的。忠于工人、"为工人利益而奋斗而牺牲"，是何孟雄勉励南口铁路工人的寄语，也是他一生对自己的要求。

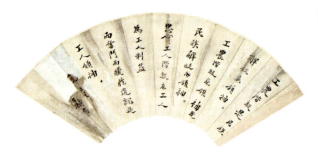

　　南口火车站建于清光绪三十二年（1906年），位于我国自主设计和建造的第一条干线铁路——京张铁路之上。1920年12月写作《劳工运动究竟怎样下手》一文时，何孟雄第一次来到南口，了解工人的生活状况和工人运动开展情况。

　　1921年京张铁路延伸至绥远后，南口站成为新的京绥铁路重要的一座中间站。当年5月，京绥铁路工人代表前往长辛店参加五一国际劳动节庆祝大会暨长辛店工会成立大会，他们不仅被工人团结起来的力量深深打动，还与北京共产党早期组织建立起了联系，把工人运动的理论和实践带回了京绥铁路。次月，京绥铁路张家口站的机务工人便举行了浩浩荡荡的千人大罢工，南口、康庄等地的机务工人也立即响应，京绥铁路全线停运。由于罢工得到了党的领导，斗争诉求不限于薪酬待遇，更提出了"给工人言论、出版、集会、结社的自由""允许工人成立工会，承认工会的合法存在"等条件。当时统治北方的奉系军阀尚无应对罢工的

《民国日报》1922年2月12日报道精业研究所情况，称之为"京绥路工人之大结合"，并附研究所章程（共十六条），规定每年5月1日为全体大会，每月1日为职员会

张家口、大同铁路机务工人精业研究所旧址

经验，一时措手不及，当天就接受了工人们的条件，罢工旋即取得胜利。工人们于是趁热打铁，在张家口成立了京绥铁路上第一个工人阶级自己的工会组织——机务工人精业研究所，在南口、大同等沿线各站都设立了分支机构，为后续工人运动的开展奠定了基础。

1921年10月，紧跟着机务工人的脚步，张家口铁路大厂工人同样掀起了反对压迫的罢工斗争，斗争胜利后成立了机厂工人自己的组织：工业研究所，成为张家口铁路工厂工会的雏形。

12月，中国劳动组合书记部北方分部正式任命何孟雄为京绥铁路工会秘书和党团书记，负责在京绥路沿线组织发动工人运动，开辟党的工作。12月25日下午，何孟雄受邀来到南口精业研究所，围绕工人的痛苦、工人的将来以及工人组合的重要等问

机务工人工作的南口机车房及南口火车站旧景

题，面向几十位工人作了一个多小时的演说。此后，他还与工人们长谈，深入了解南口工人的组织基础和对工会的态度。他在记录这段访问经历的《京绥路六日游记》中这样写道："我游了这六日，依我实地的考察，我知道工人并不是没有工人组合的兴趣和能力，不过是没有机会去表现就是。机车处的研究所，便是他们自动的表现，但我要诚恳的告诉京绥路的工友们——也算是告诉各路的工友们，你们不要只顾目前的小利，而忘记了后来的大幸福；你们不要只谋自己一人的升迁，而把所办的团体作丧；你们不要自分派别，而与别人以可乘之机；你们须知道，你们的胜利之母在联合，你们的生命寄在团体上面，假使一天没有团体，你们就一天没有生命。列位工友们呀！赶快拿出良心热血来组织团体吧！"

到 1922 年，在第一次直奉战争中获胜的直系军阀吴佩孚重组北洋政府内阁，任命亲信高恩洪出任交通总长。此时的铁路早已被交通系这一根深蒂固的政治集团牢牢把持，不仅新任总长开展工作受到百般掣肘，而且交通系为维护自身利益，还残忍杀害了一些进步工人和秘密党员。王尽美以山海关京奉铁路工人名义发出的宣言书这样写道："交通系不仅是卖国贼，破坏党，更是我们工界不共戴天的一个大仇敌，为彼等干的私通外国的勾当太多了，挑拨政潮的手段太明显了，所以在国中人人都晓得该系存在一日，中国人非至国破家亡不可。"

　　此时的吴佩孚为了笼络工人，竭力标榜"保护劳工"作为他的四大政治主张之一。李大钊敏锐地抓住他急于铲除异己力量的机会，通过与其亲信的私交关系，推荐包惠僧、安体诚、何孟雄、张昆弟、陈为人等共产党员分别到京汉、京奉、京绥、正太、津浦铁路担任交通部密查员。朱务善回忆道："李大钊同志对何孟雄很赏识，因为何孟雄在工人运动中非常活跃，有需要就派他去，所以派密查员就派他去了。"吴佩孚希望密查员们借"调查铁路积弊"之由为他调查交通系爪牙们的一举一动，而何

张家口车站旧景

　　　　　　　　　　　　　　　　　　　　何孟雄画传

孟雄等人则以此为掩护积极开展工人运动。邓中夏后来在《中国职工运动简史》中说:"共产党员得着护符,不仅不怕人而且使人怕,得以往来各路,通行无阻。……这样一来,我们在铁路上的工作得到顺利的发展,差不多六条铁路都建立了相当的基础,特别是京汉铁路沿线都成立了工人俱乐部,共计十六个之多。"

来到张家口,何孟雄没有去住张家口铁路当局安排的高级旅社,而是转头住进了忠厚里2条7号的铁路机务工人会馆,一头扎到铁路工人中间。在忠厚里,何孟雄利用工人们晚饭后散步休息的机会和工人们聊天,将马克思主义朴素地告诉工人:工人受苦根本不是因为命苦,而是"因为咱们劳动出来的东西都叫那些大老板、军阀们独吞了";俄国十月革命消灭剥削制度后,工人们已经过上了幸福的生活。在单身工人临时搭伙生活的"锅伙",他等晚上下工后就与工人们攀谈,"也讲故事,也说时事,也读报。甚至讲三国,进行阶级教育,谈苏联革命","也讲世界大事,英、德、美等国工人怎么回事。苏联工人得到政权了,英国工人有组织,有互助合作社,有劳动保险等等"。

何孟雄口中这些通俗又新鲜的道理,吸引了越来越多的工人。他在张家口、南口等京绥铁路沿线厂站先后为铁路工人开办了"工人夜校""文化补习学校""工人报告会""读报组"等学习组织,借以在工人间宣传工人联合等马克思主义思想。他从北京带来的《劳动音》《工人周刊》等通俗刊物开始在工人中间传阅，一些朗朗上口又带有革命思想的歌谣开始在工人中间传唱——

工人苦，工人苦，工人裤子破了没人补……

不做工的大肚皮，反把我们欺。起来，起来，结团体！最后胜利是我们的！

我们工人是世界上最有用的，世界是我们创造的……

在何孟雄潜移默化的感召下，一批先进工人渐渐围拢在他周围，党的组织应运而生。五六月间，何孟雄在张家口市桥东铁路工人宿舍区平安里铁路工人邢老头家里召开会议，宣布铁路工人李泽、李连升、周振声等6人正式加入中国共产党，并建立张家口第一个党小组，当时公开称作"中国劳动组合书记部张家口铁路工人小组"。

与此同时，一批工人组织在何孟雄领导下逐渐成立并发挥力量。1922年6月，南口机厂工人隆重成立"京绥铁路南口工业研究所"，当天的南口镇街上贴出了"劳工神圣""大伙一条心，黄土变成金"等标语，研究所墙上也挂起"劳工神圣"的大匾，两边各有一面红旗，旗上绣着金色的镰刀、斧头，匾额下方则摆着劳动工具和机械模型。会场里挤满了各车间推选的工人代表，张

家口机厂的代表也前来参加成立大会。何孟雄郑重宣布工业研究所成立，并确定其宗旨是"联络感情，交换知识，提高社会地位，维护工人利益"。会上选出了 9 名工人代表，并选举高继福为会长，何孟雄为秘书长。凡加入研究所的每名工人都发有一枚铜制三角形证章，上面是镰刀斧头的图案。

1922 年 7 月，京绥路的车务工人组织起了车务同人联合会，并在京绥铁路沿线的西直门、南口、康庄、大同、丰镇、平地泉（今集宁南）、绥远（今呼和浩特）等站设立分会。但由于联合会中京绥铁路局员司（旧时指中下层职员）的占比较大，不能完全代表工人的利益；会长、京绥路张家口站货仓主任洪树丞又因参与"救国护路"斗争而被调职、开除，联合会屡遭破坏，工作难以进行。中共二大闭幕后，中共北京地方委员会根据会议精神进一步加强对工人运动的领导，改选奋战在铁路工人运动一线的张昆弟、包惠僧等为委员，何孟雄、安体诚为候补委员，范鸿劼为

委员长。返回京绥路后，何孟雄立刻着手整顿车务工人组织，重新成立了没有路局员司参加的车务工人同人会，由工人们推举李连升为总会长，何孟雄担任秘书。

这样，京绥铁路的机务工人有了"精业研究所"，南口、张家口两地机厂工人成立了"工业研究所"，车务工人有了"车务工人同人会"，京绥铁路沿线的工人组织基本建立。在何孟雄的领导下，京绥路工人英勇地走上了历史前台。

劳动立法 三封通电扬声威

以1922年1月的香港海员大罢工为起点，中国共产党领导的工人运动形成了第一次高潮。全国各地工人相互响应、相互声援，成为一股不容忽视的伟大力量。

1922年2月，罗章龙、何孟雄、缪伯英、高君宇等人发动长辛店工人组织香港海员罢工北方后援会，工人们决定每人捐助一日工资。陇海、京汉、京绥各路工人陆续加入后，也仿此办法募捐。《工人周刊》同时发表相关报道，声援罢工斗争中的香港海员工人。

2月24日，为纪念在长沙华实纱厂大罢工中惨遭杀害的工人运动领导人黄爱、庞人铨，北京工学两界召开黄庞追悼大会筹备委员会议，由黄绍谷、毛彦昇任文牍委员，负责接洽各社会团体；何孟雄、钟继璜担任总务委员，负责会议筹备等其他一切事项。但由于引起了北洋政府军警的密切监视注意，追悼大会最终没有开成。沪粤两地工界则先后在3月26日、4月16日举行了黄庞追悼大会。

在南口，何孟雄领导大厂工人成功驱除监工毛有德，打赢了南口工人运动的第一战。毛有德原是上海的地痞无赖，犯了人命凶案后潜逃至南口。由于其母亲在交通部前高官家中做事，这个目不识丁、毫无技能的毛有德竟就靠着这层关系进到南口机车厂当上了监工。在厂长庇护下，他更是为非作歹，欺压、剥削工人，小工入厂时，须先交给他5块大洋；日常后每人每年还须

"借"他 10 块大洋；不仅偷用厂里木材、铁皮，还将红木椅子 4 把、二等车门一对堂而皇之地拿回家中。南口工业研究所成立后，毛有德生怕工人们群起而攻之，便强词夺理地惩罚加入研究所的工人，最终引起了工人们的公愤；事发后，厂长又另行组织一个由其把持的"厂务审查会"，声称将来一切工人的活动都要经审查会讨论，以与工人们的工业研究所抗衡。何孟雄在 1922 年 8 月 15 日、20 日《晨报》上连续刊文揭发毛有德和厂长的劣行，并警告说"如厂长执迷不悟，则罢工一事恐将难免"。9 月 4 日晚，全厂工人召开紧急会议，筹备最后的应对方法，也向厂长展示了工人组织的号召力。次日，厂长终于迫于压力将毛有德调

1922 年 8 月 20 日《晨报》刊载《京绥路大厂工人驱逐监工之续闻》，署名"子静"

离，这次斗争宣告胜利。

同年 7 月，中国劳动组合书记部由上海迁至北京，邓中夏任主任。8 月，中国劳动组合书记部趁北洋政府宣传恢复国会、制定宪法之机，提出劳动者有权参加国家管理，有言论、集会、结社、罢工之自由权利，应规定合理工时、工资、劳动保护等制度，号召全国工会展开劳动立法运动。书记部先后发布《劳动法案大纲》《关于开展劳动立法运动的通告》，要求工人有集会、结社、罢工等权利，实行 8 小时工作制、保障工人最低工资和享受劳动保险，以及保护女工、童工等，并号召全国各劳动团体讨论《劳动法案大纲》，向工人广泛宣传，征求工人的意见。劳动组合书记部提出的劳动立法条款，实际上成为当时全国各地工人运动斗争的纲领，对推动工人运动的继续高涨起到了重要作用。

8 月 31 日，中国劳动组合书记部为劳动立法运动在北京大学三院举行国会议员和新闻记者招待会，京绥、京汉、京奉等各路工人代表，以及北京电汽车工人代表出席发言。邓中夏主持招待会并在会上直言：劳动立法并不是我们的最终目的，我们的目的是创造工人的国家。

在何孟雄领导下，南口工人们很快就作出了回应。9 月 3 日，南口工业研究所通过《晨报》等媒体刊出三件通电，将工人们拥护劳动立法的进步思想展现在世人面前。

致全国电这样写道:"自民国成立以来——民国以前不算——人民受了不少的苦痛,尤其是我们劳动者更深,诸位只要仔细的把现在社会情形考察一下,就可知道显然有两个大阶级——资本阶级与无产阶级——在我们的眼前陈列着,继续不断的斗争着,而无产阶级终是处处被压制和侮辱。这是什么原故呀?大家不要(疏)忽过去,须要留心考察一下才好。民国的政治法典,应该使个个人民都能享受权利才对,可是现在和过去的民国却不然,却是一个有名无实的'民治'国。国家所有的法典,尽是拥护资产阶级而摧残无产阶级的,卒使我们劳动者受尽苦痛。但是这个谬误的点已经被我们看破了,马克斯先生所说的'奴隶尚有生活保证,而赁银劳动者却没有',这话已经把我们刺醒了。"这封通电痛陈工人生存现状,明确指出无产阶级处处被压制欺辱的社会现实,从而引出立法保护劳动者的呼吁,行文流畅、一语中的,体现了何孟雄等人对劳动立法的成熟思考。

致劳动组合书记部电表示:"敬悉贵部所拟劳动法案大纲,同人等不胜欣慰之至。旋经召集临时大会,逐条讨论当众议决一致赞成……贵部不辞艰苦,为我劳动者争此大权,同人等感激之余,敬请贵部为先锋,我们当静候尊令,枕戈以待。誓为贵部之后盾,苟不能如愿以偿,则同人等虽肝胆涂地而勿怯。"

致国会议员电则深刻揭露了当时"公理无存,强权是施"的政治现状，不仅"一般忘恩负义之资本家，竟以我等为穷命之徒，视之如草芥，侍（待）之若牛马"，且"如狼似虎之军阀，尸位素餐之官僚，亦莫不拥护资本家，而摧残劳动阶级"。通电希望国会议员"速将劳动组合书记部所拟之劳动法案，在宪法上规定，以保护劳动界，则中国幸甚，劳动界幸甚"。

这三件通电为劳动立法运动摇旗呐喊，振奋了全国劳动者的士气。何孟雄还领导南口工业研究所组织起"京绥路劳动立法运动大同盟"，并向京绥全路各工人团体发出通告："十年以来我们所受的痛苦也够了！我们应该醒过来了！我们应该知道现在和过去的政治，都是拥护资产阶级的，对于我们劳动界，毫无保护的

1922 年 9 月 8 日《晨报》报道《南口工人亦组织劳动立法大同盟》

法典，这不是可恨的事情吗?"应该趁国会恢复制宪、劳动组合书记部拟出劳动法案大纲的"绝妙的机会，以群策群力来做劳动立法运动"。虽然"大同盟"最后没有组成，但已经充分体现了南口工人旗帜鲜明进行政治斗争的积极性。

1922年10月10日，南口机厂派一队工人代表前往北京参与国民裁兵大会，其余工人则就地召开庆祝"中华民国国庆日"的大会，并邀请精业研究所、车务同人会、张家口机厂、地方军警当局等与会，共计千余人。工人们在南口机厂南边空地上筑起高台、搭起牌楼，上书"拥护民权""国庆纪念"几个大字，旁边则挂着"创造世界文明的工人应该参与国政，打倒帝制主义的伟绩切莫忘记庆祝"的对联。与会人员每人执小旗一面，上书"此后应保护劳工""收回一切的权利""社会是工人的"等标语，从工业研究所出发游行至会场，沿途高呼"劳工万岁""工人胜利"等口号，秩序井然。大会主席、南口工业研究所会长高继福致辞道："十月十日他们那种首创革命的精神，实在是可以庆祝的。我们将来要收回一切的权利，争回我们的自由权，也应该要有他们那种'百折不回'的精神方好!"来宾轮流发表演说后，全体举帽三呼"劳工万岁"。这次纪念大会的成功举办，反映出京绥路工人组织已在工人群众中树立起威望，并初步形成了各车站、各工种一呼百应的运动势头，一场声势更为浩大的罢工斗争已经蓄势待发。

工人一心　万人罢工掀巨浪

此时的京绥路工人们，生活其实已经到了难以维持的地步。一面是直奉军阀大战后物价飞涨、货币贬值，一面是当局贪图回扣签下巨额合同，导致京绥路欠下了 3000 多万元巨债，入不敷出，工人们的薪水也已连续多月没有发放。京绥路局员司林竞等以"京绥路同人会"名义两次发起罢工斗争，不仅迫使原局长陈世华引咎辞职，北洋政府也最终在 1922 年 8 月底放弃了与美国洋行签订的"亡路合同"。9 月，新任京绥路局局长余垿下令给全路员司每人每月增加 5 元工资，却对工人们的工资只字未提，引起工人们的极大不满。事实再次表明，工人们如果不像员司一样自己团结起来作斗争，应有的权利就不会从天而降，而指望其他团体为工人利益代言，无异于缘木求鱼。

在何孟雄的指导下，车务工人同人会先后两次向京绥路局递交请愿书，都如同石沉大海，没有回音。同人会召集全路各大站车务工人代表开会商讨对策，决定由张家口、大同、康庄、西直门等站各派两名代表到北京当面请愿。在请愿代表的质问下，路局局长余垿不仅不承认车务工人同人会代表工人的正当性，还声称"局长是代表工人全体的，你们爱干不干！"工人们的正当要求再一次被拒绝了。

路局一而再、再而三地拒绝工人请愿，激起了全路车务工人的极大愤怒。在何孟雄指导下，同人会召集沿线柴沟堡、孔家庄、郭磊庄、沙岭子、宣化、下花园、辛庄子等各站工人代表到张家口会馆开会，决定举行全线索薪罢工斗争。同人会买了米面、搭起锅灶，以便工人们吃住，还组织起宣传队、纠察队、敢死队，以防镇压破坏。10 月 26 日，车务工人同人会工人代表再次来到京绥路局，代表全体车务工人提出 7 条 11 款的罢工要求，限路局在 24 小时内予以明确答复，否则全路罢工。这些要求包括：（1）工人一律加薪，从要求之日起实行（甲、工人月薪无论多少，一律增加二元；乙、工人跑车饭费，一律增加至三角；丙、每年加薪一次，至路局工人薪资表最高资额为止）。（2）每逢礼拜日、节日、路局官假及工人应休息之假日中，做工者应给双薪。（3）工人因病身故者，给全薪一年予其亲属；因公遇险身故者，给全薪二年；如系积劳或因公致病告假者，其假期不论长短，均不得扣薪。（4）直奉战争期内，工人在官假中曾做工者，请照局电，一律补给双薪一月。（5）承认现在之车务工人同人会有代表车务工人之权。（6）局中因故开除工人，须先以充分理由通知车务工人同人会，俾有辩护余地。（7）工人亦须一律发给与本路下级员司同样之制服。①

---

① 《京绥铁路车务工人罢工宣言》，《大公报》1922 年 10 月 29 日。

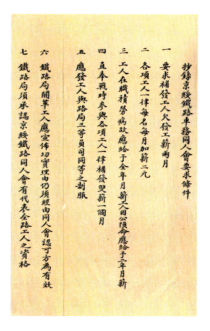

"京师警察厅"抄录的京绥铁路车务同人会要求条件，与登报版本略有出入

抄录京绥铁路车务同人会要求条件

一　要求补给工人欠贷工薪两月

二　各项工人一律每名每月加薪二元

三　工人在职积劳病故应给于今年月薪大团公领命应给于三年月薪

四　直奉战时参与各项工人一律补贷契薪一个月

五　应发工人与路局三等员司同等之制服

六　铁路局开革工人应宝切实理由仍须经由同人会认可方为有效

七　铁路局须承认京绥铁路同人会有代表全路工人之资格

　　然而余垾推脱兹事体大，仍不予回复。工人代表刘宝山又携公函到察哈尔都统衙门，向都统张锡元陈述了罢工理由。张锡元也没有明确表态，只在公函的回执上写了"你们提出的条件收到了"几个字。在这种情况下，车务工人同人会立即通知西直门、南口等八大分会，向全线60多个车站传达了罢工指示。

　　10月27日一早，以张家口车站为中心，1500名京绥铁路车务工人同时罢工了，全线货运、客运列车全部停驶。随后，机务、大厂工人也都起来支援，罢工总人数达1.3万多人。这场声势浩大、规模壮阔的大罢工，终于怒火般地爆发了。

在张家口车站，原定早上 7 时开往北京的 4 趟旅客列车，静静地停在轨道上。宣传队一面告知旅客们列车停开的缘由；一面又到张家口各街道写标语、散发传单，高喊"争平等、争人权、争自由、争待遇""不拿工人当牛马""反对军阀卖国，祸国殃民"等口号，还洪亮地唱起何孟雄编写的歌曲："不做工的大肚皮，反把我们欺。起来，起来，努力结团体，最后胜利是我们的！"纠察队手拿棍棒，在车站、道口各处要地巡逻把守，监视内外破坏分子的活动。敢死队将"路签"、信号、道岔等临时加以破坏，

京绥路车务工人泣告书

　　　　　　　　　　　　　　　　　　　何孟雄画传

并随时准备和敌人搏斗。此时的京绥铁路一片沸腾，口号声在张家口上空萦绕不绝，革命声势愈演愈烈。

就在这时，一趟列车突然驶出了车站。李连升领导的敢死队绕道跑到新安街东口处一带，赤裸着上身、一个接一个地躺在轨道上，足足有半里多地。李连升拿着红旗挥舞，工人们喊声连天，这才把火车逼停了下来。前来支援的机务工人们将机车零件卸下，列车终于再也动弹不得。在场的工人拍手称快，旅客和群众也都被这众志成城的斗争氛围所打动，对工人们的遭遇越发同情。此外，罢工影响到帝国主义势力的货物运输，面对美、日等外国领事馆的威胁施压，工人们也早有准备，坚持将罢工进行到底。

车务工人同人会当天发布的《京绥铁路车务工人罢工宣言》如此泣血以告："我们家中待着的老小，不住的在后面哭哭啼啼，望着要吃要穿，这叫我们工人如何办呀。""铁路上亏了，要我们工人补偿，来作要求加薪的抵制，这简直是要我们作了工，还是要我们的命啊！""我们前天还是以诚恳的态度，向着当局作最后最低的条件请求，不料当局仍是一昧（味）的哄弄，还加着威胁，毫无顾及我们利害的意思。我们现在实在无法了，惟有出我们所不愿意作的最后行动，暂行罢工，静待解决。工友们，同胞们，与我们以实力的同情援助呀！"

车务工人罢工胜利后合影

28日，京绥路机务、车务、警务三处全体加入罢工，形势扩大。察哈尔都统派兵包围了张家口车站，逮捕了工人领袖李连升。经过工人代表的据理力争，驻军参谋长孟士魁与李连升等连夜乘专车到北京陈情，迫使交通部答应了工人罢工时提出的大部分要求，并马上发给工人两个月工资，工人每月加薪1元。罢工取得了阶段性胜利。

29日，车务工人同人会光荣地发出上工宣言："我们——京绥路车务工人，这次为着争生存而罢工，总算是得了一点微小的结果，现在宣言上工了。我们这次是很感谢本路机务，和机厂，以及各地工友们的援助，使我们越觉得我们同一阶级的工友，真正是能共生死的兄弟。工友们，同胞们！我们这次罢工经过只有二天，而所得的经验，倒反不少，从此我们知道我们工人要想谋幸福争权利，只要我们自己有紧密的团结！工友们！我们不幸生在这不公不

1922 年 10 月 30 日《民国日报》专题报道了工人 7 条 11 款的罢工条件和《京绥铁路车务工人罢工宣言》

1922 年 11 月 2 日《晨报》报道《京绥路工人罢工小有胜利》，登出了"工人上工宣言"，署名"京绥车务工人会临时总委员会"

何孟雄照片后题字：此像摄于天津，正适伯英病。我自己投身劳动运（动）时期，为五路同盟，将他等的台拆散，建树吾们的基本组织。孟雄于北京，一九二二·十二·十

平的社会里，到处受着压迫与掠夺。工友们！我们如果要争生存自由，那就应该大家联合起来，一步二步……的向前进呀！"

何孟雄此时担任"交通部密查员"，因而不便直接出面指挥。他就像幕后导演一样，参与了这次罢工的策划指导、行动部署乃至宣言撰写，不仅使京绥路工人的革命士气大振，更激动了每一名铁路工人的心，为北方工人运动进一步打开局面迈出了关键一步。

声援京汉　铁路工会使命传

1922 年 10 月，何孟雄介绍了张树珊（大同铁路工人）、张小珊、魏华驰、傅国忠等入党，张家口党组织成立的条件业已成熟。经党组织决定，劳动组合书记部张家口铁路工人小组改名为中共

张家口铁路工运小组。到 1923 年初，张家口已建立了中共张家口车务工人小组、机务工人小组和铁路机厂小组等三个小组，团结起了大量进步工人。此后在 1923 年春天，还建立了中共张家口京绥铁路车务工人支部，书记由张家口车务工人李泽担任。

1922 年 12 月 27 日，何孟雄领导京绥路工人在车务同人总会召开代表大会，车务总会、西直门、南口、康庄、张家口、大同、平地泉、绥远南口工业研究所等均派代表出席。会上通过了成立京绥铁路总工会筹备委员会的议案，并选定王藻文（张家口南口工业研究所）、李连升（车务总会）、胡天祥（车务总会）、李泽（车务总会）、周振声（康庄）、唐德建（车务总会）6 人为临时筹备委员。

1923 年 1 月，何孟雄领导南口工人开展驱逐背叛工人的工会会长高继福的斗争，将工会的领导权重新掌握在共产党的手里。同月，他又领导京绥路总工会（筹）再次与拖欠薪酬的路局开展索薪斗争，在《京报》发文号召工友们"努力前进，不要怕这无天良的当局"，"因为我们年前不发薪，定是死于年前，何如其在未死之前，和无天良的资本家死战呢"。在李连升等工人代表面见当局、严词交涉下，路局终于答应在春节前给工人们统一补发欠薪、预支奖金。可见在当时的社会经济环境下，工人阶级的斗争不得不是艰难的、持久的，一次大罢工不可能带来一劳永逸的成果。

同月，京汉铁路即将在郑州成立总工会的消息也传到了张家口，何孟雄立即召集京绥铁路工人开会，并选派5名工人代表前去祝贺，送去贺信和匾额。谁知就在2月1日开会那天，军阀吴佩孚突然翻脸，出动军警进行疯狂镇压。由于总工会会所遭破坏，代表寓所被包围，会议无法举行，总工会号召全路工人举行罢工，"为争自由而战，为争人权而战"。何孟雄闻讯后立即赶回北京，参与领导京汉铁路北段的罢工斗争，2月4日起便和罗章龙、王仲一、高君宇等守在前门车站，与长辛店、郑州及汉口各站保持联络。2月7日拂晓，吴佩孚派出军警镇压长辛店罢工工人，逮捕了史文彬等11名工人领袖；下午，又在江岸残忍屠杀铁路工人，京汉铁路总工会江岸分会委员长林祥谦等32人当场牺牲，35人被捕，200余人受伤，制造了震惊中外的"二七惨案"。是日，罗章龙、何孟雄等召开党组织紧急会议，经慎重研究后决定忍痛复工，并作出各种善后方案。会后，大家分赴京汉铁路各站及其他各线传达会议决定，何孟雄留在北京解决救济等善后事宜，并参与筹备"二七"遇难诸烈士追悼大会。

　　2月9日，在黄日葵、何孟雄、缪伯英等领导下，北京青年团组织各校学生分别在北大三院礼堂和北京女子高等师范学校举行万人集会，长辛店工人和被害工人家属哭诉了军阀屠杀工人的罪行，并高揭烈士血衣示威游行。3月22日，北京27个团体，

1923 年 2 月 1 日，京汉铁路总工会在郑州召开成立大会。图为代表合影

何孟雄、缪伯英在北京、张家口、唐山一带积极开展铁路工人运动。图为 1923 年何孟雄（中）、缪伯英、李却非在唐山合影

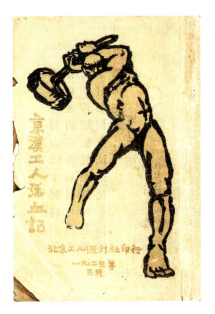
1923 年 3 月由北京工人周刊社印行的《京汉工人流血记》

约 5000 人在北京高等师范学校公开举行"二七"遇难诸烈士追悼大会,何孟雄在会上发表沉痛悼念施洋、林祥谦等"二七"烈士的演说,"我们应当团结起来,与军阀宣战","我们今后的革命工作,非和平所可成功,要继续施、林诸烈士的方向"。何孟雄、缪伯英还参与了《京汉工人流血记》的编纂工作,为人们铭记这段历史作出了自己的贡献。

此后,工人运动骤而转入低潮,吴佩孚也以鼓动工潮的嫌疑,免去了何孟雄等人铁路"密查员"的职务。但在何孟雄的正确领导和妥善安排下,工人斗争规模和斗争方式都有所改变,京绥路"精业研究所""工业研究所""车务工人同人联合会"等组织都得以保留，有效地保护了工人群体中的革命力量。张家口最早党员之一的杨干回忆说："二七罢工失败后，京绥的党的退却战术较好，当时负责人是何孟雄同志。由于退却正确，所以京绥路的工会未遭封闭与破坏。"

1924年2月7日，何孟雄到北京西山出席全国铁路工人第一次代表大会，当选为全国铁路总工会委员。此后直到1925年4月，何孟雄才再次受组织委派返回京绥路开展工人运动，积极筹建京绥路总工会。5月1日，京绥路各站代表齐聚张家口，先前往工人聚集地和各大街市散发"五一节敬告工友""五一节敬告市民"等传单，后在宝善街南头举行"五一劳动节纪念大会"，会场张贴有"恢复工会""国民革命""全国铁路总工会万岁""全世界工人联合万岁"等标语。何孟雄在会上以全国铁路总工会代表名义作关于"铁路工人与政治"的报告，并通过了即日起联络组织各站工会、促进全路总会组织的提议。8月9日，京绥铁路总工会成立大会在张家口车站扶轮学校召开，西直门、南口、康庄、张家口、大同、平地泉等地工会代表150余人出席会议，康庄车务工人、中共党员周振声任大会主席。会议讨论通过了"京绥铁路总工会组织法案与工作纲要"，推选杨宗义、李连升等10余人为执行委员，并聘请何孟雄担任秘书。何孟雄作为全国铁路

1925 年 8 月 16 日《京报》报道《京绥路总工会成立》

总工会代表进行了慷慨激昂的演说，痛陈"帝国主义之压迫，工人对国家之责任"，并希望同人"努力奋斗勿怠"。

京绥铁路总工会成立后，通过京绥路工会周刊、京绥路工会三日刊等密切联系全路工人，传播全路、全国工人运动进展。这不仅标志着各工种的铁路工人终于在党的领导下团结成了一股力量，而且也使张家口等地党组织得以发展壮大。在何孟雄等人的推动下，中共大同铁路工人支部在 1925 年 8 月成立，中共张家口地方执行委员会亦于 10 月正式成立，与京绥铁路总工会同设在桥东区宝善街的"八间房"。张家口地委除了领导附近的 12 个支部和南口、绥远两个特支以外，还要领导热河、察哈尔、绥远三特区和包头工作委员会，目标是建设成为党的"塞外核心堡垒"。此后，内蒙古人民革命党第一次代表大会、西北农工兵大同盟成立大会先后于 1925 年 10 月、11 月在张家口召开，成为党的统一战线政策和民族政策的成功实践，大大推动了西北、内蒙古地区的民主革命运动。

此外，在五卅惨案发生后，何孟雄领导京绥路工人积极发出声援。6月10日，京绥铁路工人代表以京绥工人教育社名义赴京参加控诉五卅惨案的"北京各界对英日帝国主义惨杀同胞雪耻大会"，大会到场的150多个团体、40余万人通过了《北京国民大会宣言》，并在会后举行了声势浩大的大游行。14日，张家口1.2万余名工商学界代表在都统署前大操场举行国民大会，控诉英日暴行并进行游行示威，京绥路在张家口的工人不仅全体参与了游行，而且每人还捐洋5角以支持罢工中的上海工人。

从长辛店到京绥路，从南口到张家口，何孟雄在铁路工人中作宣传、建组织，为北方工人运动早期的发展作出了不可磨灭的贡献。他脱去"三尺半"的长衫，换上"两尺半"的工装，不仅标志着他的革命思想逐渐成熟，也是他践行初心、担当使命的最好写照。

| 三 |

不怕牺牲、英勇斗争的革命战士

呼吁民权　统一战线建同盟

1922 年 7 月召开的中国共产党第二次全国代表大会第一次明确提出了反帝反封建的民主革命纲领，通过了《关于"民主的联合战线"的决议案》，指出要在全国各城市联合工、农、商、教、学等团体组织"民主主义大同盟"。参与了轰轰烈烈的五四运动，又深入了铁路一线，何孟雄不仅锤炼出了一身过硬本领，更切身体会到人民群体联合起来的伟大力量。因此在开展铁路工人运动的同时，何孟雄也积极地投身统一战线的建设中。

1922 年 8 月 24 日，由缪伯英、罗澄、邓飞黄、范鸿劼等 10 余人发起的"民权运动大同盟"在北京大学大礼堂召开成立大会，与会总人数达四五百人。在激烈讨论中，大会将"确定及拥护民权"确定为同盟的宗旨，通过了同盟简章草案，并依据简章选举出同盟正副主席和各股正副主任。其中，邓中夏任主席兼劳动委员会主任，何孟雄、范鸿劼、罗章龙分任交际股、宣传股、编辑股主任，缪伯英任筹款委员会副主任。大会最后通过的民权运动大同盟大纲明确指出，"辛亥革命虽然成了功，可是旧势力的武装和帝国主义的压迫并未解除……民国十一年以来无法无天的武人专政、武人割据和内乱，约法遭他们的蹂躏，国会遭他们的解散与播弄……要求国会在宪法上，确定人民各种自由权利"，这是对中共二大提出的民主革命纲领的热烈响应；大纲这样呼吁："难道我们被压迫的人民就永远不敢拿出'生权在民'的资格，堂堂正正的起来拥护民主主义、表示真正的民意吗？"

9月2日，民权运动大同盟通电北京参众两院、各省议会和团体，声明"所有民权障碍必尽力铲除之，凡属人民权利必确实规定之"，"一方打破一切特别法规与男女之不平待遇，一方力谋普通选举与劳动立法之实现"，并号召"凡我同胞其愿从高压下奋起而图自由之权利者乎，尚乞一致努力，作同一之运动，共同协作，必达目的而后已"。

9月5日、15日、26日，何孟雄以"静"的笔名在《晨报》连续发文，报道了大同盟成立以来各项工作的开展情况。其中，何孟雄领导交际股与北京各社会团体交涉，成功获得了平民阶级大同盟、少年中国学会、国民裁兵促进会、新潮社等数十个团体对争自由、普选、男女平权、劳动立法等民权运动四大目标的支持同意。宣传股组织起宣传委员会，通过请各派讲演、对市民讲演、散发传单、向国会疏通等方式开展宣传工作，每日分队前往隆福寺、白塔寺、护国寺和各庙会等热闹地方举行露天讲演。编辑股则自9月25日起出版同盟周刊《民权》，宣传民权相关思想。

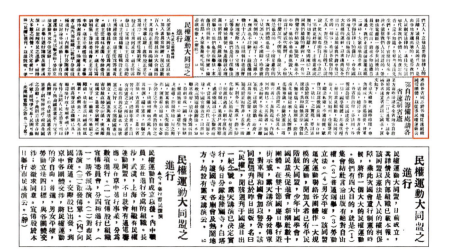

1922 年 9 月 5 日、15 日、26 日，《晨报》连续报道《民权运动大同盟之进行》，其中 15 日文章署名"静"

　　9 月 28 日，何孟雄代表民权运动大同盟与国民裁兵促进会接洽，决定将原计划于 10 月 10 日举行的"民权运动大会"与"国民裁兵大运动"合并。10 月 10 日，北京 80 多个团体、3 万余名群众参与的国民裁兵运动大会在天安门前隆重举行。会前，与会团体分东西南北四队在北京市内游行至会场，蔡元培、何孟雄等率北队从北大一院出发，队首为"国庆日国民裁兵运动大会"的布面旗帜，其次为北大校旗；队伍中包括北大平民第二校、平民工读学校等学生代表，还有长辛店京汉铁路工会、南口京绥铁路工业研究所代表团、长辛店劳动补习学校等工人代表。下午 2 时

1922 年 10 月 12 日《晨报》刊登国庆日国民裁兵运动大会之盛况，并特别报道了何孟雄上台呼吁的情形

45 分宣告正式开会，蔡元培、丁锦、马君武、郭泰祺、刘蘅静、王孝英等围绕裁撤兵力、争取民权发表慷慨讲演。下午 3 点 5 分，当场下报告时任北洋政府总统黎元洪已到场时，何孟雄立刻英勇地冲上讲台，"痛言军阀之暴戾、各省兵祸之原因"，并高声呼吁道："总统今日主裁兵运动大会，吾等当要求其履行鱼电 ① 宣言，并用命令废止剥夺人民权利、限制人民自由之治安警察法。"场下同呼："要求总统履行鱼电，废止治安警察法！"顿时掌声雷动。

梁启超称赞这场大会为民国成立以来"破题儿第一遭"："这

---

① 鱼电代称六日发出的电文。鱼在平水韵列为上平第六韵，故在电文中代称六日。

回运动，算是'五四'以后第一次壮举，而且比'五四'像是更进步，因为：（一）'五四'性质，纯属对外的；此次却是对内的，所以精神越发鞭辟近里。（二）'五四'全以学生为主体，此次各界人皆有，所以市民的色彩越加浓厚。"

11月7日，朱悟禅（务善）、何孟雄等联名在《北京大学日刊》登出启事，公告下午3时在北大三院大讲堂举行苏俄共和纪念日讲演大会。会上，中俄协会、民权运动大同盟等北京各团体共3000余人到会纪念十月革命五周年，李大钊任大会主席并发表演讲。唐山、长辛店工人代表也到场发言，并代表4万多名劳苦工人向国人请命，"被洋资本家压迫很厉害，竟至做工也要死，所以他们挺（铤）而走险，只求速死……希望学生们要拿'五四'的精神来干革命的事业，使我们工人的国家早日成功"，在场的人"无不感动，掌声动天"。

何孟雄以"子静"笔名
在《晨报》撰写的报道

在民权运动大同盟等组织的旗帜下，秉承五四运动的精神余韵，北京的学子再次团结起来，做好了与军阀政府斗争的准备。

反对军阀 "挽蔡驱彭" 求革新

1923 年 1 月 17 日，北京大学校长蔡元培因北洋政府任用毫无教育理念的政客彭允彝担任教育总长而辞职。何孟雄等北大学生听闻消息后群情激奋，于次日召开全体大会，商议以五四运动的精神，推动 "挽蔡驱彭" 行动。19 日，北京大学、北京法政专门学校、国立北京医学专门学校等高校学生前往北洋政府国会请愿，要求众议院议员否决对彭允彝的任命，然而院中早已埋伏的巡警、地痞流氓等百余人对学生们大打出手，造成黄日葵等 14 人重伤，伤者累计达 300 余人。这场流血事件立刻激起了北京学生们的愤慨，使 "挽蔡驱彭" 运动演变为一场声势浩大的学潮。

20 日上午，北京大学学生召开干事会，修订干事会简章并进行改选，其中李骏、何孟雄、龙业鼎任交际股干事；下午，北京公私立各校学生召开联席会议，整顿恢复陷于停顿状态的北京学生联合会。重新组织成立的北京学联当日即发出通电控诉 19 日众议院流血事件，号召全国各界团体援助北京学生。23 日，北京学联再次发表《北京学生联合会宣言》，重申教育总长需由富有教育学识、洞明中外教育趋势、品格高尚、全无党派色彩的人担任；并主张依法严惩破坏约法、殴打学生、蹂躏人权的众议院议长吴景濂。24 日，北京 5000 多名学生从天安门集合出发至参议院请愿，学生们举起"北京各校学生请愿否决彭允彝"的白布旗帜，在寒风中等待 5 个小时，但彭允彝的任命仍获参议院投票通过。25 日，得知消息的北京女子高等师范学校校长许寿裳、国立北京医学专门学校校长周颂声、北京工业专门学校校长俞同奎、北京美术专门学校校长郑锦这国立四校校长一致决定即日辞职，并共同签署辞职呈文送至教育部。

28 日，北京学联、北大学生会各派 4 名代表沿京汉路、津浦路南下，与各地政学农商等团体联络，请求援助"驱彭"。其中赴武汉代表陈为人等还在郑州出席了京汉铁路总工会成立大会，实现了学生运动与工人运动的联合。31 日上午，北京学联代表十余人谒见北洋政府总统，要求罢斥彭允彝、挽留蔡元培校长，但黎元洪再三推脱，表示教育总长任免一事由内阁与国会负责，自己无权过问，代表们无功而返；中午 12 时，北京大学、北京高等师范学校、北京女子高等师范学校等各校学生分别前往前门、劝业场、青云阁、东安市场等人群聚集地当众演讲、散发传单，受到市民们广泛关注和同情；当天报纸亦刊登了来自浙江学生联合会、南京高师学生会、全国学生联合会、天津女权运动同盟会等各地学生团体的声援电文，体现出一致"驱彭"的空前团结。

2月1日，北京学生联合会及北大学生会派李国坦、黄日葵等前往上海表达学生们挽留蔡校长的意愿。2月3日，民权运动大同盟、马克思学说研究会、北大平民讲演团、少年中国学会、北大学生干事会、北京学生联合会、社会主义青年团、工人周刊社、劳动组合书记部等30多个进步团体在北河沿开会，决定以"推翻军阀政治，建设民主政治"为目标，推动废督裁兵和教育

《时报图画周刊》刊载的《北京学潮写真》，拍摄时间为1923年1月31日至2月9日

独立，组成北京各团体联合会。2月5日，北京学生继续以街头讲演、散发传单等形式开展抗争。

二七惨案发生后，北京党组织的工作重心立刻转移到了声援京汉铁路工人上，"挽蔡驱彭"运动告一段落。春节过后，北京各团体联合会在3月2日元宵节晚上举行反对军阀政治的市民提灯大会。由于各校师生此时早已被军警盯上，午后便有百余名武装警察在校园外往来巡逻。黄昏时分，三路游行队伍分别从北京大学、北京高等师范学校、北京法政专门学校出发前往天安门，其中东北路行过大栅栏、南路行经西河沿东口时突遭军警袭击，重伤者共20余人，轻伤者无数，酿成了两桩流血惨剧。

3月7日，北京学生联合会举行记者招待会，历数"挽蔡驱彭"请愿、提灯大会流血惨剧等事件中军阀政府的野蛮行径，并提出教育独立、澄清政治、拥护人权、力争外交4项主张。何孟雄作为学生代表在会上发言称："时至今日，同人之运动，实为政治改革运动。现政治之紊乱，凡国家与人民谋福利之事业，不但不能扩张，而反日受摧残。同人认为若再不起而作改革运动，则国家前途，万分危险。新闻界诸君，同属国民之一分子，且又为知识阶级，甚盼加入此种政治改革运动。"

此后数月，何孟雄等继续领导民权运动大同盟、北京学生联合会以发出通电、游行示威、国民集会等形式参与"收回旅大""废止二十一条"等运动，开展了轰轰烈烈的斗争。民权运动大同盟的一封通电这样写道："数十年来，我国民呻吟于国际帝国主义刀斧之下，几如俎上之牲，宛转待毙。值此收回旅大之关头，正打破国际侵略之初步，此而不争，势必永为鱼肉，供人宰割。"字字泣血，不忍卒读。

5月1日，北京各团体联合会在天安门前召开"五一劳动纪念大会"，大会提出3项宗旨、表决5项议案，议题覆盖拥护工人集会、结社、罢工自由，推倒现有内阁，肃清国会不良分子，收回旅大、片马，严惩二七惨案祸首等。何孟雄与缪伯英等十余人相继上台发表演说，指出外交失败、内政不整、举国忧乱，皆由军阀横行无忌所致，必须团结一致，打倒军阀。

从民权运动大同盟交际股主任、北大学生联合会交际股干事，到参与北京学生联合会、北京各团体联合会的组织工作，从幕后合纵连横到台前振臂一呼，何孟雄在团体大联合的运动大潮中充分展现了自己能言善辩、"总得人和"①的特长，这为他后来开展统一战线工作打下了扎实的基础。

---

① 邓中夏称赞何孟雄"总得人和"，见乐天宇：《何孟雄烈士早期革命事迹》，载奚金芳、邵敏编：《何孟雄研究文集》，江苏人民出版社1992年版，第102页。

出席三大　联合战线立新功

1922 年 8 月底，中共中央在杭州西湖召开特别会议，专门讨论以什么形式实现国共合作的问题。在李大钊的耐心说服和沟通下，会议决定在保持共产党政治上、组织上独立性的前提下，共产党员及青年团员可以个人身份加入国民党，同孙中山领导的国民党实现党内合作，以建立各民主阶级的统一战线。9 月，李大钊等由孙中山亲自主盟，以个人名义率先加入国民党，并连续发表《就孙、吴两氏统一中国的方策与〈北京周报〉记者的谈话》《十月革命与中国人民》等文章，进一步阐明中共关于建立民主联合战线的主张。

1923 年 2 月初，李大钊在东交民巷的苏联大使馆约集北京党组织负责人范鸿劼、何孟雄等人，讨论国共两党联合战线问题。李大钊认为，与国民党建立统一战线既有必要也有可能。他着重强调："今天革命事业中的客观形势，是需要发动反帝反封建的民主革命，这种革命任务不是现在那样的国民党所担当得了的，必须加入新血液"；目前"国民党的缺点很多，无组织无纪律无群众是显而易见的"，"只要国民党有改造的可能，孙中山有改造国民党的决心，国共两党建立联合战线是有可能的"。

1923 年 6 月，北方区党组织选派李大钊、何孟雄、罗章龙等

广州东山恤孤院 31 号
（现恤孤院路 3 号）中
共三大会址旧景

12 名代表前往广州出席中国共产党第三次全国代表大会，代表
人数居全国各区之首。"国共合作"问题是中共三大的核心议题，
也是与会代表们针锋相对、激烈争辩的关键所在。最后，代表们
接受了共产国际执行委员会通过的在中国实行国共合作的决议，
决定共产党员以个人身份加入国民党，以建立各民主阶级的统一
战线，同时保持共产党在政治上、组织上的独立。

中共三大后，中共中央决定派李大钊为驻北京委员，并成立
中共北京区执行委员会，负责领导北京、天津、直隶、山西、热
河、绥远、察哈尔、吉林、黑龙江、辽宁和河南、陕西、甘肃的
一部分地区的建党工作及开展工、农、兵运动。又根据党章规定
"区执行委员会所在地，得以区执行委员会代行该地方委员会之职
权"的要求，原北京地委与新成立的北京区委合并，称北京区执

行委员会兼北京地方委员会，由何孟雄任委员长，张昆弟、范鸿劼、包惠僧、张国焘等任委员。10月，因"领导成员不谐、工作不力"等原因，中共北京区委兼北京地委进行改组，由范鸿劼任委员长，何孟雄改任社会主义青年团北京地方执行委员会委员长。

1924年1月20日，国民党第一次全国代表大会在广州国立广东高等师范学校礼堂开幕。大会接受了中国共产党反帝反封建的主张，确定了联俄、联共、扶助农工三大政策，并确认了中共党员和共青团员以个人名义加入国民党，使得国民党这个混杂着官僚政客的资产阶级政党变成了工人、农民、小资产阶级和民族资产阶级参加的革命联盟。大会的圆满成功，标志着革命统一战线的形成和第一次国共合作的正式开始。

大会开幕当日，何孟雄在《新民国》杂志发表长文《十二年

国民党一大会场

来"民治派"与"反民治派"斗争之经过及今后国民应有之觉悟》。在国共合作的大背景下，何孟雄将国民党视作革命的民族主义派、"民治派"的中心，而将反革命的南北军阀、投机政客和假民治派视为"反民治派"的中心，并将民国12年来纷争不断的历史总结为主张主权在民的"民治派"与以权谋私的"反民治派"的斗争史。他最后指出："民治派始终未得多数人民的了解，每次战争，人民以为是私斗，不知道民治派是代表人民争利益。……今后要民治派得势，统一中国，必要在北洋派势力所在地做一种深刻的运动，将北方的民众施一种长期的教育，长期的训练，坚固的组织，使北洋派依为命脉的根本动摇，中国的反民治派才能打倒，中国的民治才有希望。……现在国家的情形一年比一年危险，当这种危机愈迫切的时候，民治派固应该担此责任，而全国国民更应该加入战线，续此未了之斗争，完成建设的大事业，以便真正的民治国家早日实现。"从这篇文章不难看出，深受李大钊影响的何孟雄对国共合作、动员全国民众参与国民革命的深刻意义很快就有了充分认识，并能将其运用到实际的宣传工作中。

3月8日，中共北京区委兼北京地委再次改组，由李大钊任委员长，蔡和森、张昆弟、何孟雄、范鸿劼任委员，使"内部精神之一致；同志皆努力工作；委员会能管理并指挥一切行动"。

改组后的北京区委兼地委不仅加强了对北方地区工农民众运动的领导，派出大批党团员前往北方各省市开辟党的工作、建立组织，还设立了国民运动委员会，作为开展处理与国民党合作事务的工作机构，由何孟雄担任国民运动委员会秘书，专门负责民主统一战线工作。

4月20日，国民党北京执行部在北京织染局29号正式成立，李大钊以国民党中央执行委员的身份和国民党元老丁惟汾共同领

织染局29号今景

导执行部的工作，何孟雄则在北京执行部担任秘书处文书科助理的职务。国民党北京执行部的建立，为北方地区国共合作提供了重要的组织保证，也为北方开展国民运动和反帝反军阀的革命斗争奠定了组织和群众基础。正如中共北方区委机关刊物《政治生活》中一篇评论所指出的："中国国民党自从 C.P.（中国共产党）、C.Y.（中国共产主义青年团）加入以后，已经走上了一条政治的轨道，已经有比较严密的组织与纪律，已经慢慢地取得了民众的同情与信仰，在数量和质量上都表显（现）长足的进步，并且与帝国主义、军阀站在绝不相容的地位。"

辗转四地　不远千里勇斗争

1924 年 5 月，由于张国焘被捕，北京党、团组织暴露，李大钊等领导成员因被反动当局通缉先后离开北京，缪伯英也四处躲藏暂避风头。6 月，北京区委兼北京地委恢复，留守北京的何孟雄在危急关头再次挑起了委员长的重担。直到 1924 年秋天，根据李大钊加强北方党组织领导力量的要求，才由赵世炎接任北京区委兼地委委员长（1925 年 1 月改称书记）。由于长期紧张繁重的秘密工作，何孟雄早已病倒，1925 年 1 月，他终于暂时放下手中的工作，和缪伯英一道经上海返回长沙养病。当月，中国共产党第四次全国代表大会、青年团第三次全国代表大会相继在上海

1925 年 9 月，缪伯英与儿子何重九在湖南第一女子师范学校

3 岁时的何重九

召开，何孟雄途经上海时与老朋友们见面，邓中夏送别时嘱咐他安心养病，并委派给他视察湘鄂铁路工运的任务。到湖南后，缪伯英马上受任湘区妇女委员会主任，公开身份则是湖南省立第一女子师范学校附小主事；何孟雄则为视察湘鄂铁路工人运动，常常往来长沙和汉口之间，并机警地通过化装和变换上下车站，躲避军阀监视和抓捕。是年 6 月，缪伯英在长沙诞下长子，为纪念两人在重阳节结婚，取名重九。

短短几个月后，何孟雄又奉调只身北上，在张家口主持筹建京绥铁路总工会。这时，他在酃县的堂弟何国诚和另外两个同伴考上了河南豫军军官学校，准备在报到之前先到北京与何孟雄见一面。由于分身乏术，接到信后的何孟雄拖了一两个月才由张家口返京养病，并立刻赶往北京前门草厂十条湖南会馆看望何国诚。交谈中，何孟雄认为豫军军官学校没有革命性，建议何国诚改考黄埔军校，并把他介绍给于树德、路友于、韩麟符等人。考上黄埔军校后，何国诚在学习期间还收到何孟雄署名"何曾文"的鼓励信件："应该为大众革命，不要为个人升官发财等等。"

　　1926年1月，缪伯英代表国民党湖南省党部出席在广州举行的国民党第二次全国代表大会，何孟雄长兄何少青陪同前往，并经缪伯英推荐、组织介绍参加了国民革命军。同月，中共北方区委为加强唐山的工作，派何孟雄前往唐山任地委书记兼京奉铁路总工会委员长，并改组了中共唐山地委。面对国民军撤退、奉军重占唐山造成的困难情况，何孟雄领导的中共唐山地委坚持以发

20世纪20年代何孟雄穿过的羊皮袄

动工人群众为主要任务，并适时改变工作方式，使党、团的会议和活动形式小型化、活动场所多变。到1926年上半年，唐山已建起了京奉铁路唐山制造厂，开滦唐山矿、马家沟矿、林西矿、赵各庄矿、唐家庄矿、启新水泥厂和华新纺纱厂等8个厂矿支部，此外还建立了交通部唐山大学支部和新石庄农村支部，党员发展到约200人。1926年7月，中国共产党第四届中央执行委员会第二次扩大会议作出的中央政治报告，对国民革命军退出后唐山职工运动在反动势力严重压迫下仍"较前有基础"，给予充分肯定。

此时，经过两年多的紧张斗争，广东革命政权在第一次国共

1926年3月8日，长沙举行国际妇女节纪念大会，中图为缪伯英任大会主席并作主旨发言之情形，载《图画日报》1926年第293期

合作的大背景下得到统一和巩固，全国工农革命运动空前高涨，为北伐战争奠定了政治、经济、军事和群众基础。1926 年 5 月，以共产党员和共青团员为骨干的国民革命军第四军叶挺独立团及第七军一部作为北伐先锋开赴湖南，揭开了北伐战争的序幕。五六月间，因湖南军阀加紧迫害革命人士，缪伯英带着儿子与族亲缪位荣（又名"卫云"）由长沙前往武汉暂避。缪伯英以湖北省立第二女子中学训育主任的身份，协助中共湖北省委妇委书记蔡畅做妇女工作，缪位荣则在东湖一带利用捡字纸①来掩护秘密工作。

随着北伐战争的顺利推进，1926 年 9 月起，中共中央从各地抽调大批干部至武汉工作。10 月 10 日，北伐军攻克武昌；11 月 28 日，广州国民政府宣布迁都武汉。此后，何孟雄亦受组织派遣前往汉口参加党的工作，与缪伯英团聚。

1927 年 4 月 6 日，由于叛徒出卖，李大钊、范鸿劼等 80 余人在北京被张作霖下令逮捕。4 月 12 日，蒋介石在上海发动反革命政变，300 多名工人被杀，500 多人被捕，5000 多人失踪。4 月 15 日，广州国民党反动派发动反革命政变，封闭革命团体，共产党员和革命分子被害 200 余人，被捕 2000 余人。4 月 28 日，李大钊、范鸿劼等 20 人英勇就义。短短一个月间，各地党组织被严重破坏，共产党人惨遭杀害，革命形势急转直下。尽管如此，

---

① 旧时因尊重文化，敬惜字纸，而专门有人收捡读书人的废字纸。

何孟雄画传

中国共产党第五次全国代表大会开幕地点旧址（国立武昌高等师范学校附小）

位于武汉市江岸区的刘少奇同志旧居，与汉口市委机关同在尚德里

何孟雄夫妇并没有知难而退，而是继承着李大钊那不怕牺牲、英勇斗争的精神，继续奋斗在当时中国革命的中心——武汉。

在大革命生死存亡的危急关头，中国共产党于1927年4月27日至5月9日在武汉举行第五次全国代表大会。会后，中共湖北区委员会改组为中共湖北省执行委员会，下辖汉口地委改为汉口市委，机关设在汉口尚德里5号，吴雨铭任汉口市委书记，何孟雄任组织部主任，向警予任宣传部主任，刘少奇兼任工人运动委员会书记。在汉口市委，何孟雄曾勉励向警予的秘书陈修良说："入党以后要为共产主义奋斗终身。"在当时复杂的政治环境下，这句话既饱含着对牺牲前辈们的无限怀念，又满怀着对革命后辈们的殷殷期望。

6月，武汉形势突变，省委机关迁至汉口，同时撤销汉口市委，原市委所辖各区委由省委直接领导，何孟雄亦调至湖北省委工作。7月15日，汪精卫等控制的武汉国民党中央决定同共产党决裂，并对共产党员和革命群众实行大逮捕、大屠杀。国共合作以及由此发动的大革命至此宣告失败。在这前后，何孟雄与参加国民革命军的长兄何少青在武汉偶遇，兄弟俩感慨万分。由于大革命失败后党组织在武汉的工作转入秘密状态，何孟雄一家先是到武昌杨四塘街的长兄家暂住，后又在组织安排下前往上海参加中共江苏省委工作。

在当时严峻的革命形势下，何孟雄不得不在这两年中奔波多地，与妻儿也是聚少离多。但何孟雄深知，只要组织需要，自己无论在哪里都能发光发热。

整顿支部 首赴沪西建规章

1927 年夏的上海，正是四一二反革命政变后白色恐怖最为血腥严酷的时候：江苏省委书记陈延年、代理书记赵世炎在 6 月底、7 月初先后被捕，旋即惨遭杀害；到当年 12 月初，上海工人和共产党员被杀害的计 2000 人以上，被捕、遭监禁和遭开除的达万人。

临危受命的何孟雄一家抵沪后很快隐蔽下来，租住在山海关

1927 年中共江苏省委旧址
（山阴路 69 弄 90 号）

路成都路小菜场附近。何孟雄化名刘元和，公开身份是韩昌书店店员，缪伯英则是华夏中学的物理教员，女儿何小英的出生又给这个家增添了不少欢乐。八七会议后，邓中夏也由汉口抵达上海就任中共江苏省委书记，并根据中央决定，将江苏临时省委改组为江苏省委，何孟雄任省委候补委员。很快，何孟雄兼任沪西区委书记，缪伯英则担任中共沪中区委妇女委员。

从沪西工友俱乐部到沪西工人半日学校，从二月罢工到五卅惨案，沪西作为上海重要的工业区和工人聚居区，虽然在上海工人运动史上留下了浓墨重彩的一笔，但当时日常工作的开展还相对薄弱。当时的一份文件这样评价道："沪西的群众素来是我们领导着做慷慨激昂的斗争，毫未注意经常的组织工作，我们党的现象也是在这种影响之下。因此，党在群众中的工作以及党的本身工作都应在英勇的斗争中发展经常的组织工作，是要用种种方法领导其归（规）范于经常的组织工作上去。""沪西群众最好的工厂中（如内外棉、同兴等），而我们党反不发展，据说过去是有坏领袖把持，这种现象应即刻改变。"何孟雄也这样评价过去一段时间的工作："本区九月份整月在争斗工作中，可是在此斗争过程中，更了解沪西工作建筑在沙漠上——群众虽然很革命，可是我们拿不住群众，转（变）不（了）群众的倾向和情绪。换句话说，我们以前领导他们都是乘机而动，机会过了，群众的热

沪西工人半日学校旧景　　沪西工人半日学校史料陈列馆

沪西工友俱乐部遗址旧景

潮降下去了，我们的工作也就跟着停止了，无论如何都获得不起来。老实说，以前的工作纯是机会主义者的工作！"

担任沪西区委书记后，何孟雄立刻着手拟定了《沪西十月份工作大纲》，着力"改变以前工作的老方式"，"建立党的基础"，培养群众和组织中的基层领袖。他梳理了10月的7项主要工作：（1）整顿支部；（2）各厂成立工厂委员会及工厂支部；（3）整理妇女工作；（4）建立五金部工作；（5）梳理共青团和党在下级的关系；（6）造就下级干部人才；（7）沪西工厂没有支部的要发展组织，并要求"组织部按照以上七项做成具体工作计划，在这个月内能实行的（详组织报告）"。

针对整顿支部工作，他也亲自操刀拟定了《沪西整顿支部计划》，共分10条："（一）调查和了解该支部客观的情形；（二）该支部每月和每星期须有工作计划；（三）该支部按计划去分配工作；（四）党的宣传和教育——主义与政策；（五）组织的宣传、教育和训练；（六）守秘密的教育和训练及其重要意义；（七）报告工厂委员会之重要及其意义，使同志了解；（八）说明目前洗党之重要意义（举出过去和最近斗争失败经过）；（九）训练模范支部；（十）支部干事养（会）成为每支部的指导机关。"在区委组织委员高俊毅的支持下，《沪西十月份组织部计划》分调查研究、支部制度、组织扩张、教育训练、妇女运动、文书规章、纪律制度、党费规定、机关分工、党团关系①10章进行详细阐述，成为党早期有系统地开展基层组织工作的宝贵资料。

比如沪西区委将调查研究列在首条，指出调查是为了了解客观环境，明白本身力量，如果得以严格贯彻落实，无疑能使党的工作扎根群众、扎根实际，既不沦为教条主义的纸上谈兵，也能及时避免盲动、冒险的错误路线。文件进一步指出，调查范围应覆盖纱厂、油厂、面粉厂各若干，及各厂的资本、人数、程度、工资等；既要调查敌情——了解"反动派的组织力量和分化的冲突点"，也要摸清家底——了解"各支部的同志成份及各间同志的分量和位置"和"能指挥的工厂及其力量"；既要懂生产——了解各厂最近一年来的生产和营业情况，也要懂斗争——了解两年来各厂斗争的历史胜败及其影响。同样在1927年，毛泽东写下著名的《湖南农民运动考察报告》，后来又作出"没有调查，没有发言权"的著名论断，虽然面对着不同的斗争环境，但无疑产生了跨越时空的思想共鸣。

---

① 原文为"大中学之关系"。《沪西十月份组织部计划》指出："大学与中学的关系不密切，是很危险的现象！""大中学之关系"一条下分列4点："一、凡有大学支部而无中学支部之处，大学负责帮助中学发展，反之，中学应帮助大学发展组织；二、各厂大中学均有组织者，各应互派人参加会议；三、中学之区委会及其他重要会议，应通知大学派人参加，大学有会议时亦然；四、中学在该整个行动与大学有关系时，须得大学之同意。"结合上下文，此处"大中学之关系"即指"党团关系"。

发展武装　淮安农运揭序幕

中共中央在汉口紧急召开的八七会议，总结了大革命失败的教训，讨论了党的工作任务，并确立了实行土地革命和武装起义的方针。9月，江苏省委根据八七会议精神，制定了第一份《江苏农民运动工作计划》，明确了农民革命的重要性："土地革命是中国革命的中心问题，江苏虽是全中国产业最发达无产阶级最集中的地方，但农民革命仍占极重要的位置。必须上海四周的农民

八七会议会址

暴动起来，然后上海的工人暴动才有声援和保障，才能站得住。所以江苏革命全过程，应该建筑在农民的土地革命上，和其他的省分（份）一样。"这份计划还结合江苏实际情况，指出江北更适宜暴动的组织："客观上江北农民因种种的压迫已自然暴动起来了。"

早在 1927 年春天，7000 多名淮安北乡饥寒交迫的农民就曾为反对军阀孙传芳征收的二角亩捐而自发举行集会游行，掀起了声势浩大的抗捐运动。江苏省委后续制定的《江北农民暴动计划》也进一步揭示了江北农民的生存和抗争现状："江北农民现时所受政治经济的压迫，如战争之破坏，苛捐杂税之繁重，地主豪绅之剥削……整千整万的农民在那里急求生存的出路，他们已经不断的自然暴动起来了。江北已经完全造成一个农民暴动的局面……我们应该努力去领导这个农民暴动，使他由原始的自然的扰乱变为有计划的革命的发展。"

9 月中旬，省委就派陈治平（又名陈文政）、赵步坤深入江北的淮安、淮阴农村，进行宣传发动和秘密建党工作。陈治平以国民党淮安县党部委员的公开身份作掩护，与厉石卿（又名厉冰心）、赵心权（又名赵秉衡）在横沟寺建立了淮安第一个党支部——淮安特支，这个"初仅三个知识分子成立一个支部，除在本县伪党部发生党团作用外，分向涟水、淮阴、泗阳等县的上层

1927 年 11 月制定的《江苏农民运动计划》（第二次）

小资产阶级知识分子宣传介绍。不久涟水、淮阴、泗阳三县相继各成立一个纯知识分子支部"。赵心权还在大赵庄建立起一支农民武装"御匪联庄会"（后改名农民自卫队），通过反对抗捐抗税、捉拿匪盗的英勇战斗，农民自卫队不仅在农民中树立起了威信，而且还利用地主乡绅的支持，将他们手中的枪支武装转移到了党领导的农民手中。

1927 年秋，何孟雄与黄逸峰、华林等任中共江苏省委农委秘书，负责外县工作，开始深入了解江苏农民运动现状。11 月，江苏省委制定的第二次《江苏农民运动计划》将江苏农民运动划分为 12 个区域，并指出盐城区、淮阴区、崇明区、无锡区等地农民已经斗争起来，这些地区土匪最为集中，是最容易发展暴动的地方。不久，何孟雄就化名廖慕群，与随员黎明、汤汝贤来到淮安横沟寺，召集淮安、涟水、淮阴、泗阳4县党员开会，传达八七会议精神，并号召4县党员利用农闲和宁汉军阀矛盾纷起的有利时机，鼓动农民开展抗租、抗债、抗捐斗争。为唤起民众的斗争意识，他还指导同志们搜集民间歌谣、编写传单标语，晚上由赵心权等人张贴、散发、传播。当时改编的一首《贫雇农歌》这样写道：

贫雇农民终日忙，为缴地租完钱粮；

完钱粮，饿断肠，三天六顿喝稀汤。

地主富农心太坏，重租外加高利贷；

高利贷，债滚债，逼我穷人妻儿卖。

贪官污吏是豺狼，欺穷帮富丧天良；

丧天良，黑心肝，逮捕穷哥坐牢房。

穷人要得不受罪，团结起来建农会；

建农会，齐奋斗，反动统治大粉碎！

这类小唱宣传作品在淮安北乡农村广为传播，激起了贫苦农民强烈的阶级意识和斗争勇气。很快，何孟雄指导淮安特支成立农民协会、妇女会，由党员陈文瑞、何孟兰分别任农会长、妇会长。很快，淮安北乡的五六十名农、妇会员就加入了党组织，还

农民协会徽章

增建了贾庄、章集、大赵庄、谷圩、条河等支部，连同淮安特支在内，建立起了一支90多人的党员队伍。

农历冬月中旬，何孟雄又带着15岁的小交通员蒋如玉一起前往淮阴，帮助赵步坤开展工作。他深入淮阴城外的淮盐集散地王营西坝，帮盐工抬盐包，同盐工拉家常，以循循善诱的方式指出盐工贫困的根源和奋斗的出路。在何孟雄和赵步坤的宣传鼓动下，淮阴西坝盐工们增资索薪的斗争热情被激发了出来，不久就在西坝建立了盐工党支部，还在城内建立了店员党支部，在淮阴中学建立了学生党支部。

紧张的地下工作让何孟雄常常顾不上吃

淮阴西坝盐工党支部旧址

淮阴店员党支部旧址

饭，有时只是让小交通员买上 10 个铜板的花生米，边吃边写材料；有时天刚亮，他勒勒裤腰带、顾不上吃早饭就出发，直到第二天天黑才回来。看到小交通员衣衫单薄，他脱下自己的毛线背心给她穿上，并说："你快穿着走吧！将来把反动派打倒了大家就有吃有穿了。农民有田种，工人有工做。像你这么大的孩子都有书念，大家自由平等。"

一次在赵步坤家召开的党员会上，何孟雄反复讲到"劳工和劳农武装结同盟"的重要性，要求党员们到农村去发展党的组织，开展农运工作，这成为工农联盟思想在苏北地区的最早实践。一些革命的歌谣也开始在盐工中秘密流传起来：

劳工和劳农，武装结同盟。

地主资本家，斗争不留情。

打倒新军阀，驱逐美日英。

成立苏维埃，工农做主人。

12 月 5 日，中共江苏省委讨论制定了第三次《江苏农民运动计划》，并在中央临时政治局会议上汇报了江苏省委 12 月农民运动工作计划及明年元旦前后在全省范围内发动武装暴动、江南江北一起行动的计划。12 月中下旬，何孟雄回沪参加省委扩大会议，会上下达了限期普遍发动城乡暴动的指示，并以淮阴、南通为发动暴动的重点地区，何孟雄、黄逸峰分任中共淮阴特委、南通特委书记。

回到淮安后，何孟雄与特委成员结合本地实际情况，决定将暴动时间暂定于次年即 1928 年 2 月 15 日，并出版半公开的油印刊物《萤火》作为宣传喉舌。同时，为迅速壮大武装力量、积极开展武装斗争，特委将农民自卫队改为农民自卫军，并委派公开身份为国民党第九军江北招募新兵委员的中共党员谷大涛担任训练长官。不出几日，农民自卫军就壮大为拥有 400 多人、50 多支钢枪的队伍。这样就为在淮安地区开展以土地革命为中心的农民

淮阴特委出版刊物《萤火》

暴动，做了组织上和军事上的准备。

在党的领导下，淮安农民抗债、抗租运动这时都取得了相当胜利，群众情绪愈加高涨，不仅针对国民党政府的二角亩捐、善后特捐成立了抗捐委员会，还提出了武装游行示威的口号。得知消息后的何孟雄立刻派小交通员送密信给陈治平，建议趁热打铁召集示威大会。3 天后的 12 月 23 日是钦工镇逢集的日子，这场万人武装示威大会一大清早就拉开了序幕：大赵庄以及周围各村庄农民协会的成员们，扛着步枪、土枪、大刀、铁叉、棍棒等蜂拥而至，陈治平、赵心权、厉石卿先后讲演，控诉地主剥削农民的种种罪行，宣传共产党土地革命的政纲，表示与封建地主和反动政府对抗到底的决心。群众高呼"打倒土豪劣绅""打倒反动政府"的口号，甚至当场撕碎国民党党旗、烧毁二角亩捐的契券。这场示威大会不仅彰显了在党领导下，农民群众团结一心的巨大威力，也成为不久后爆发横沟暴动的铿锵先声。

打响首枪　农民暴动起横沟

钦工镇万人武装示威大会后不到 10 天，淮安县的党组织如雨后春笋般建立了起来。到 12 月底何孟雄在横沟寺宣布成立由陈治平任书记的中共淮安县委时，已有钦工、章集、谢荡 3 个区

中共淮安县委成立地横沟寺旧址

委、60 多个支部，全县党员有 300 多人。

在 1928 年 1 月的《江苏省委各县暴动计划》中，乐观地提到淮安"有组织的农民约四万人，能行动的至少有一千人，御匪联庄会的大队长为同志，有把握的武装在三十只（枝）以上，其余枪枝均可设法征取，城内反动武装亦不利害。现时可用抗租、抗税、抗债等口号发动群众暴动，夺取县城。""以淮安为发动中心，可以影响推动涟水、泗阳、沭阳、淮阴先后起来。这些县分农民生活之困苦同盐阜相似，又多土匪，多武装，反动派统治力量薄弱，亦可造成割据局面，与阜宁联成一片。"

1928 年 1 月，何孟雄作为省委派出的北路巡视员前往东台、盐城、阜宁、淮安、涟水、泗阳、淮阴等地巡视，除了改造各地党组织之外，还向阜宁的王家祥布置了策应淮安横沟暴动的任务。7日，涟水小刀会在钦工万人武装示威大会的影响下突然聚起围攻县城，由于事前并未与党组织通气，稚嫩的党组织也未能很好把握响应时机，导致围攻3天就遭遇失败，数百名小刀会会众被绞杀。涟水特支书记张际高因被怀疑与小刀会有关、怕遭杀身之祸而宣布退党，一些意志不坚定的投机分子受其影响也先后脱党，在党员群众中造成不良影响，而先前被何孟雄派往涟水的黎明已被调走，涟水县党的活动一时陷入危局。巡视盐城、阜宁等地刚刚返回淮安的何孟雄得知消息后，遂派特委委员厉石卿前往涟水整顿组织、建立县委，并组织农民武装以准备增援仅一河之隔的横沟暴动。2月初，何孟雄又先后深入淮阴中学、泗阳城厢指导当地党员工作，帮助成立了中共淮阴县委、中共泗阳县委，并明确指出：淮阴县委要深入农村、发动乡民，做好响应淮安方面的准备；泗阳县委成立后的中心任务是组织农民武装，配合淮安暴动。2月5日，江苏省委拟定了临时执委名单向党中央请示，其中任命仍在淮阴主持特委工作的何孟雄为南京市委书记。

稍早时候，何孟雄等巡视员在各地考察中总结了"江苏农民运动中发展和领导群众争斗的策略问题"，很快就以1月31日江苏省委通告第25号文件的形式下达。文件中明确指出"暴动一定要是广大的群众已经起来，要在反动派统治已到最后土崩瓦解状态，要有相当成功的希望方可发动，绝不含有过早的拼命的孤注一掷的倾向"；不能"只是纯主观，决定要暴动并幻想在某一定期内把暴动速成"，"对于反动派过分的恐慌，往往在某个地方争斗刚刚发动……领导的同志便立刻动摇逃走"。通告还提及过去江北农民运动的两个错误：一是偏重于土匪的工作，没有看到土匪本质与农民利益的冲突；二是舍不得离开国民党的旗帜去活动，机会主义思想严重，并分析其原因主要是争斗经验少、理论认识浅、省委指导难下达，导致各种盲动错误不可避免地发生。

　　遗憾的是，省委通告的意见还没来得及贯彻，淮安农民革命迅猛发展的形势就已经引起了国民党县政府的密切注意。2月10日，在国民党县党部应差的陈治平、谷大涛得知了县政府正在调配人马，准备先发制人"围剿"农民自卫军的消息。因大雪的阻隔使得两人没有去百里外的泗阳县请示何孟雄，而是选择连夜赶至北乡横沟寺召开县委紧急会议，决定提前实施暴动计划，并用传令方式，召来男女农民上千人。陈治平当即向大家讲了提前暴动的原因，宣布成立暴动总指挥部，并派谷大涛去做国民党驻钦工常备连士兵的策反工作。参加暴动的农民们在手臂绑上红布条子，稍作整编后就冒雪连夜行动，分头冲进大赵庄、贾庄、黄

横沟暴动场景复原

庄、宋集等地主豪绅家院，搜枪支、烧地契、分粮食。一夜之间，搜缴了100多支钢枪，分了几十家粮食，焚烧了所到之处地主豪绅的地契、租约和借据。翌日清晨，谷大涛策反未成，返回大本营。

淮安县委以为大功即将告成，就按何孟雄事先的意图，在横沟寺学校贴出了用大红纸书写的"淮安县劳农苏维埃政府""淮安县农民武装大队部"的招牌。由农民协会、农民自卫军、宣传队等混编而成的行动队，喊出"人人参加，个个翻身"的口号，每到一村，村民们都热烈地迎出庄外，有枪的献枪，有余粮的献余粮，放高利贷的献出债券，收地租的献出租约、送还租粮，整个横沟寺一片欢腾。

得知北乡暴动的消息后，东南乡三四千农民也自动聚集起来，焚烧地主的房屋20多家；西乡小刀会也聚集9000多人准备

横沟暴动时使用的武器、袖章和标语

攻打县城；涟水的几股土匪势力也高挂起红旗，要到北乡来接受指挥。然而到 2 月 12 日，淮安县国民党政府集中所有武装力量分成三路向横沟寺进行"围剿"，农民自卫军虽然经过浴血抵抗，终因敌我力量悬殊、武器弹药不足，暴动提前后又没有得到邻县队伍的响应支援，最终遭到失败，县农民自卫军副大队长谷大涛、中队长章学廉等同志在战斗中壮烈牺牲。

闻讯从泗阳赶来的何孟雄，看到的是队伍已经失败的现状。他马上召集陈治平、赵心权等一起总结这次暴动的经验和教训，随后便前往上海向省委汇报，淮阴特委从此停止了活动。

横沟寺农民革命武装暴动旧址今景

纪念横沟暴动的"苏北农民武装暴动第一枪"雕塑

3月，江苏省委宣布撤销淮阴特委，并由特派员依照《江苏省委关于农村调查纲要》的要求到实地考察，撰写完成《淮安北乡暴动报告》等报告，最终形成了《中共江苏省最近江苏农民运动决议案》。何孟雄看了《淮安北乡暴动报告》后，根据八七会议精神和自己的切身体会，以省委名义撰写了《对淮安北乡暴动的批评和决议》。他深刻指出，农民运动必然走向武装冲突，游击战术是农民革命斗争能够立足的基础。在游击战中，既要避免同敌人正面作战，又要进行积极进攻的布置，如运用包抄袭击的方法把战斗区域改造成有利作战的形式等；负责同志要有坚决勇敢、身先群众的精神，否则会使行动难以发动或使群众产生动摇。从今天来看，何孟雄的分析实事求是、卓有见地，是党领导农民由抗租抗捐抗税斗争发展为以土地革命为中心的武装暴动，走农村游击战争和武装割据道路的重要文献。

尽管横沟暴动很快失败了，但革命之火已经在苏北大地熊熊燃起。几乎在何孟雄领导建立起淮安、涟水、淮阴、泗阳4个县委的同时，毛泽东率领秋收起义的部队到达井冈山，先后领导成立了宁冈、永新、茶陵、遂川4个县委，在酃县成立了特别区委，还在中村乡发起了轰轰烈烈的插牌分田运动，掀起了土地革命的热潮。

1928年12月，毛泽东在井冈山根据地提出了工农武装割据

　　　　　　　　　　　　　　何孟雄画传

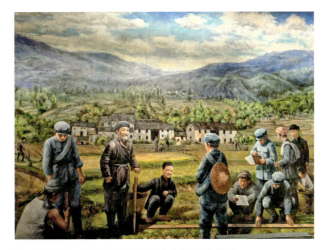

描绘插牌分田场景的油画和当时使用的竹牌

的思想，成为马克思主义与中国革命实际相结合的典范，为形成以农村包围城市、武装夺取政权的中国革命道路理论奠定了坚实的基础。"淮安县劳农苏维埃政府"虽短暂存在3天，但在横沟暴动中显示出的农民革命力量和为之牺牲的烈士是永存中国革命史册的。

| 四 |

对党忠诚、不负人民的龙华英烈

扎根群众　斗争思想树新篇

1928 年 5 月，王若飞、何孟雄、李富春与中共江苏省委常委会的同志们集体作出《江苏省委关于接收共产国际执委会二月决议中国问题决议案的决议》，批评了当时的"左"倾盲动错误，并对革命性质、形势估量和不平衡发展等问题有了新的经验总结。

5 月，项英、王若飞、徐锡根、陈治平等 12 名江苏代表离沪前往莫斯科参加中国共产党第六次全国代表大会，江苏省委书记由李富春代理，何孟雄负责宣传和农村工作。此后至 7 月间，何孟雄又先后起草了《江苏省委关于最近江苏农村工作计划》《江苏省委关于外县工作计划和农民工作决议案》和《江苏农民秋收斗争决议案》。从这些文件中不难发现，何孟雄对农民运动的认识和思考不仅吸收了他过去在北方开展工人运动的丰富经验，而且

《江苏外县工作和农民工作决议案》及封面伪装

充分结合了他在淮安等地的实地考察和亲身实践，具有很强的实践性和可操作性。

在横沟寺见证了无数优秀战友牺牲的何孟雄针对基层党组织中常见的"一暴了事"的肤浅认识，在《江苏省委关于外县工作计划和农民工作决议案》中指出，目前江苏外县工作的任务"不是简单的拿着手枪的武装暴动"，而是"要引导广大的工农群众，团结在党的政策之下，由日常生活，经济或政治斗争，逐步的走上武装暴动，夺取政权，组织工农兵的苏维埃"，要把广大工农群众争取到"我党的组织和影响下"，这就将过去一拥而上、一哄而散的短期斗争方式，转变为扎根于群众、服务于群众的长期斗争形态。文件还将各地工作分为斗争达到较高形式、斗争已发动、斗争尚未发动、不去发动斗争这4类情况，并针对不同地区、不同人群给出了针对性的争取策略。此外，这份决议案还在农工武装、赤卫队的基础上提出了组织红军的必要性和方式，指出红军是"拥护工农利益之专门武装组织"，为在江苏建立工农红军武装发出了先声。

在《江苏农民秋收斗争决议案》中，何孟雄详细分析了江苏革命形势的客观现状，指出反动势力内部的冲突和矛盾"尚未到马上崩溃和坍台时期"，"党在群众中的工作、群众的阶级觉悟、广大群众的基础都未建立起来"。因此，江苏"还是准备暴动时期，还是秋收斗争，不是秋收暴动"，必须先发动群众、领导群众，以避免盲动主义的错误；秋收斗争的总目的是通过"深入到群众中去，领导他们对豪绅地主的斗争"，"发展成千成万的农民群众为他本身利益，站在党的领导之下来"。值得一提的是，这份文件坚持了江苏省委对于江南、江北客观环境和革命形势并不相同的判断，指出江北农民受地主豪绅压迫严重，而剥削江南农民的则是受资产阶级操控的反动政府。因此基于江南、江北环境的不同，党"在江北需加紧反封建的工作，在思想上要有一广大的宣传。徐海一带的农民停滞在半农奴的状态中，要极力摧毁封建的思想和组织，圩子内的雇农佃农运动极其重要，才能夺取地主豪绅的武装"；"江南要号召工农起来打破两重剥削的苦痛，深入土地革命使农民感到失地后有条出路。要揭破资产阶级改良的假面具，不致欺骗农民。要唤醒工人经济争斗和反抗资产阶级对农村的剥削，才能够摧毁资产阶级的基础"。

中共六大后，为了加强对农村党组织的建设和日常斗争的领导，组织农民秋收斗争，江苏省委决定设立淞浦特委等 6 个特委，在江苏省委农委的直属领导、何孟雄的直接指导下开展农民工作。特委成立后，首先开展调查研究，加强下属各县党的基础建设工作，在基层党组织的恢复发展上取得了一定成绩。

1928 年 9 月、10 月，何孟雄在江苏省委机关刊物《多数》

中共淞浦特委机关旧址
（山海关路育麟里）

以"梦熊""孟翁"等笔名，先后发表《江苏农民的斗争和民族资产阶级的统治》《反革命统治下的南京群众》等文章。两篇文章分别从农村和城市的不同视角，指出人民群众受压迫、被剥削的根本来源是以买办、地主、豪绅为代表的资产阶级和国民党官僚政客。在农村，"江苏农民底解放，只有在继续不断底斗争与封建地主阶级相肉搏，只有在工人阶级领导之下，共同来推翻豪绅资产阶级底政权，建立工农民主独裁底政权——苏维埃……才能彻底得到农民底解放"；在城市，"民众的苦痛，民众的愿望，民众的革命运动都在益趋发展和推进的时候"，"南京的群众在共产党人为他们的利益，不断的死亡（的过程中），更认识清楚了，只有共产党人（愿意）把他的生命为群众利益（而）奋斗！"

10月17日的省委常委会议上，何孟雄以《江苏军事工作意见书》(署名"白水")的形式表达了自己对江苏军事工作的成熟构想。会议决定增补何孟雄为省委常委，并兼任军委书记的工作，体现了省委对他武装斗争思想的充分肯定。

11月，党中央决定由周恩来、李维汉、项英、罗登贤等组成两个巡视委员会，负责巡视上海党和工会的工作。何孟雄受省委派遣，也参与了为期3个多月的巡视任务。巡视过程中，他参加的区委常委会，区宣传、组织、工会工作专题讨论会，支书联席会等各种会议达80多次。在一次中共上海闸北区委的会议上，何孟雄耐心地向区委干部解释，"争取群众是准备武装暴动，但不是拉夫，党是群众最先进勇敢的部分，争取政权是群众自己要政权，过去党是在外面帮助群众，使群众不觉党是他们自己的，这是过去组织路线的错误"，"同志不到会，是我们工作方法不好"，"如认为同志不好，工作永远做不起来"。这番话看似简单直白，却直击基层党组织面临的要害问题，时至今日依然对组织工作的开展具有启发意义。

何孟雄等还深入各区重点产业支部，如沪西区的祥昌、同兴、申新，内外棉四厂、五厂等纱厂、绢丝厂；沪东的老怡和、

怡和纱厂沿街建筑旧景

宝山路商务印书馆总厂内
的编译所大楼

恒丰、永安等纱厂，茂昌蛋厂，英商电车公司和码头；沪中区的药材、估衣等行业，裕昌火柴厂、劳动大学、民众日报社；闸北区的邮局、商务印书馆、苏州河码头、海员、电汽车公司；法南区的法商水电公司、华商电车公司、金银业和振华纱厂；浦东区的英美烟草公司；等等。通过这段时间的巡视，何孟雄对上海各区的党组织及工作开展情况有了比较深入的了解，也看到了江苏省委领导下所取得的成就。

从北方到南方，从工人运动到农民运动，尽管革命形势和革命队伍不断发生着变化，但何孟雄与人民群众在一起的立场始终如一，成为他对党忠诚、不负人民精神的最好诠释。

无问西东　再入工厂传星火

当时的上海，既有外国势力盘根错节的法租界、公共租界，又有遍布国民党军警特务的华界；既有众多富丽堂皇的金融机构，也有数不胜数的压榨工人的血汗工厂。多方角力的社会环境虽然给党的工作开展提供了契机，却也使从事秘密工作的人员时刻暴露在危险之下。何孟雄和缪伯英曾多次对族亲缪位荣说："我们如果两晚没回来，你就搬家，以减少不必要的牺牲。"

由于工作原因，何孟雄夫妇在上海的几年里总是不停在搬家，有的住处甚至只住上了几天。有时为了找个搬家借口，两人

何孟雄夫妇曾租住山海关路成都路口、三角地菜场等地。图为三角地菜场旧景

就佯装吵架，乃至动起手来；遇到紧急情况时，甚至不得不把家里的东西都丢下，空手撤离。这种时刻保持警惕、担惊受怕的生活起初让负责保卫工作的缪位荣很不适应，特别是晚上总是因为外面的响声从睡梦中惊醒并起来准备应付，他常常因此彻夜不眠；而何孟雄夫妇在那么紧张危险的情况下，依然能保持从容不迫、镇定自若，不仅使他由衷地感到敬佩，更逐渐树立起为解放被压迫的人民而斗争的信念，还在何孟雄夫妇的培养介绍下入了党。

1929年1月后，何孟雄、李富春被调离了省委的工作岗位。7月起，他历任沪中区委书记、沪东区委书记、沪东行委主席团成员等。在上海各区委工作时，他经常深入工人群众做思想工作和组织工作，体验工人生活。过去在工厂的种种经历，也使他掌握了各种生产技能，常常给各种工种的工人替班，尤其在恒丰纱厂推运集纱小车的时间较多。

何孟雄还常与各厂工人开展座谈，他对上海各个行业的工人运动情况分析得透彻入理，既有理论，又有实际例子，给在场的工人们留下了深刻的印象。他曾这样讲道："上海工运决不能单从上海一地来发动，应当认识江苏外县重要的城市如南京、徐州、无锡、常州、苏州等处。以前江苏没有注意到外县的职工运动，实在是一个很大的缺陷，也是外县工作的一个危机。""土地革命单靠农民是不能成功的。而上海工运光靠上海也是不能成功的，必须使上海工运与外地工运相联系，以建立全省职工运动的基础，为实现争取群众，准备暴动的总路线而斗争。"他还指出，目前上海工运虽然已有所活跃，但必须看到"敌人的力量远远超过我们的力量，他们在城市建立了反革命统治，我们工人阶级的力量尚未达到联合、统一的程度，还不足以对抗现在的反动统治力量。因此，对工运策略和原则必须十分讲究，要从全省职运的观点出发，来部署上海的工运……"

8月23日，何孟雄在报告沪中区工作时，总结了1929年6月28日全市中药业2500名店员罢工失败的教训及沪中区商业繁华等四大特点，根据不同行业工人运动的情况，分别提出了针对性的工作方针。

9月，同兴二厂的日本资本家不仅经常让工人加班加点，还变本加厉，决定将工人的吃饭休息时间从每天半小时缩短到15分钟，引起工人的强烈不满。厂里的共产党员与积极分子决定发动反对减少休息时间的罢工斗争。时任沪东区委书记的何孟雄听取汇报后，亲自深入同兴二厂了解情况，指示他们要注意方式策略，不要硬碰硬，减少不必要的损失。工人们商议后决定，把罢工改为怠工，并把怠工的时间放在监工和工头很少来车间的夜班深夜时分。最后，资方不得不宣布收回减少休息时间的规定，从

位于杨树浦路的同兴二厂旧景

而在最大程度上保护了工人们的利益。

在当时严峻的革命形势下，革命一定伴随着流血与牺牲。8月24日，彭湃、杨殷、颜昌颐、邢士贞、张际春因叛徒出卖被捕，几天后彭湃、杨殷、颜昌颐、邢士贞就被国民党残忍杀害。次日，何孟雄与沪中区委负责同志领队在租界举行示威游行，租界当局如临大敌地设置路障、架起机枪以阻止队伍前进，并将何孟雄等4位领导者逮捕。负责掩护工作的缪位荣发现何孟雄被捕后，立刻向组织送信，并设法营救。由于群众激于义愤，参与游行的人越来越多，声势愈发浩大，租界当局最终迫于压力将被捕人员全部释放。

1929年10月，缪伯英和何孟雄在一次前往秘密联络点的途中发现有人盯梢，两人决定分头隐蔽。也许是预感到危险，缪伯英用力扯下外衣上的3粒纽扣，塞到了何孟雄手中，并推他先

何孟雄与缪伯英合影

走，自己则引开暗探，跳进溪流隐藏。经此一事，缪伯英感染伤寒，从此重病不愈。临终前，缪伯英亲口对何孟雄留下这样的遗言：既以身许党，应为党的事业牺牲，奈何因病行将逝世，未能战死沙场，真是恨事！孟雄，你要坚决斗争，直到胜利。你若续娶，要能善待重九、小英两孩，使其健康成长，以继我志。

缪伯英病逝后，何孟雄将一双儿女交由欧阳梅生烈士的妻子陶承照顾。何孟雄之前听与欧阳梅生在武汉并肩作战过的龙大道介绍过陶承家中的情况，又见到她的大儿子欧阳立安正为工厂工头的压迫而愤愤不平，便开口对陶承说："你家里有立安这样的

缪伯英留下的3粒纽扣

缪伯英用过的手提小皮箱

好孩子，把他交给党吧！"

陶承惊喜地问："怎么，你能把他带走吗？"

"明天，我一定要把他带走。他会成为一个好的战士。"

"孩子是属于党的，你带他走吧。"

在屋外偷听的欧阳立安这时高兴地扑到何孟雄怀中，摇着他的膀子说："叔叔带我走吧，我会好好地干！"

何孟雄反问道："干什么呀？"

欧阳立安坚定地回答："干革命呗！"

从此，欧阳立安便跟着何孟雄走上了革命的道路。他白天跟着从这个厂跑到那个厂散发宣传品，晚上则住在沪东区委机关的

欧阳立安（1914—1931）

阁楼上。他还多次参加上海各界工人举行的抗议罢工、游行示威，在斗争中毫不畏惧、英勇向前，不久就经何孟雄介绍先后加入了共青团和共产党。1930年6月，他作为中国青年工人代表到莫斯科参加了赤色职工国际第五次代表大会和少共国际代表大会，回国后相继担任共青团江苏省委委员和上海总工会青工部部长。

在何孟雄的影响下，还有许多像欧阳立安一样的革命志士迅速成长了起来。1927年冬，何孟雄介绍北京大学预科学生、酃县老乡段楠回乡从事革命活动，举办青年文化补习班，培训农民运动骨干。1928年2月，段楠加入中国共产党，任中共酃县西区区委委员。3月，与潘祖浩、张秉仁、段瑞等人组织西乡游击队，在西乡发动了声势浩大的"三月暴动"。5月，国民党"清乡"血腥屠杀游击队员和革命家属，段楠父母惨遭杀害。逃出虎口的段楠辗转到达上海，担任中共沪中区委秘书，化名"阿刚"。8月，段楠又随何孟雄调中共沪东区委任秘书，1930年调任上海总工会秘书、组织部部长等职。在严重的白色恐怖中，段楠随何孟雄深入工人、店员中开展联络和宣传活动，为上海工人运动事业作出了突出的贡献。

1929年底，上海工人领袖徐大妹、刘瑞龙等前往无锡视察职工运动，撰写了详尽的巡视报告。在深入一线的巡视过程中，他们深刻领会到了何孟雄工运思想的实践价值；回到上海后，又视何孟雄为革命路上的导师，有工作上的困难就向他讨教，并总能得到他的耐心指点和帮助。徐大妹回忆，这段经历是她认为最有意义的一段革命历程，那份巡视报告也成为"按省委何孟雄同志指导的工运策略思想实践的真实记录"。

挺身而出　道路探索显真知

为贯彻共产国际和中共六届二中全会以来党中央的各项指示精神，1929年11月在上海召开的中共江苏省委第二次代表大会对革命形势的估计、斗争的策略，以及革命与党的主观力量的关系等问题展开了激烈的讨论，李立三的"左"倾冒险错误观念开始表露。他认为，党的斗争策略应采取"进攻路线"，"直接革命形势就是总同盟罢工，武装暴动"，"必须用群众行动政治示威去刺激群众"，向着"总同盟政治罢工的方向走"。

此时何孟雄虽然已经离开了省委核心并担任沪东区委书记，但他仍然勇敢地在中共江苏省委二大上明确提出反对意见，说"中央二中全会指出革命运动开始复兴，省委报告指出职工运动已走入了成熟的复兴"，"我认为省委估量是过高的"，"我同意中央开始复兴的估量，我们在决定策略时一定要记住斗争失败的教训"。

由于当时党的理论体系还不成熟，许多与会代表对当时革命

中共江苏省委第二次代表大会在位于原龙华路外日晖桥附近的泉漳中学召开。遗址位于今黄浦区龙华东路 800 号南园

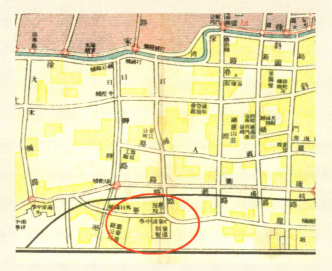

1929 年，上海市分区地图中标注的"泉漳别墅"和"泉漳中学"

形势的认识也莫衷一是。周恩来同样不同意李立三对革命形势的分析，指出"所谓新的高潮与直接革命形势是不同的，现在已经有了新的高潮，但还不是直接革命形势"。

但何孟雄在会上的据理力争、慷慨陈词，使得他被扣上"调和主义""反对国际""反对中央"的大帽子，并且很快就成了这次大会的主要斗争对象。据当时出席会议的苏常特委巡视员管文蔚回忆，何孟雄当时"只好服从大会的结论，低着头坐在会场的角落里，一支烟接着一支烟地猛抽，不再说话"。

1930年3月，周恩来以中共中央代表身份去莫斯科向共产国际汇报中国革命的情况，中共中央政治局决定改由李立三参加组织局，李立三由此成为中共中央的实际领导人，并开始部署一些"左"倾冒险政策和行动，包括组织工人纠察队大检阅、发动市政工人政治同盟罢工、举行飞行集会和示威等，却无一例外地遭到失败，使刚刚恢复起来的革命力量遭到很大损失。

1930年4月15日，何孟雄以"周子敬"的笔名在中共中央机关报《红旗》上发表了著名的"子敬来信"，进一步阐述了自己对当前革命形势的判断。他认为，"现在就全国看来，农民运动的发展比较城市的工人运动要快得多，农村的已经正在发展着武装暴动、苏维埃、红军，但这些东西在城市中都还没有，并且连大规模的有组织的政治罢工都还是很少的。在这一种情势之下，若我们依然是将大部分的力都用在城市中，实不如用在农村中为好，在农村中一定得的效果更大。若是革命势力占据了广大农村之后，他还是可以联合起来包围城市，封锁城市，用广大的农村革命势力以向城市进攻，必然可以得着胜利"。他还指出，"若是我们动员现在全党的力量，动员一切真正革命的工人，都到乡村中发展红军，则红军无论在数量上或质量上都比现在发展得快"，"同时我们红军走到一处，便发展那一处的群众工作，组织工会，引进工人分子做革命运动的干部，这当然不是军事投机"。

尽管如此，6月11日的中共中央政治局会议依然通过了李立三起草的《新的革命高潮与一省或几省的首先胜利》决议案，并依此制定了一套包括实行全国总暴动和集中红军进攻中心城市在内的夺取全国政权的冒险计划。可无论是南京兵暴、武汉暴动还是上海总同盟罢工，以及各路红军攻打中心城市的所有冒险行动，几乎都以失败告终，使得许许多多党员和群众被捕被杀，党组织受到严重破坏。

面对严重危害党和革命事业的"左"倾冒险错误，何孟雄先后在1930年5月的苏维埃区域代表大会、6月的江苏省委会议、8月的上海区委和各党团书记联席会、沪中区委会议、市政委员会会议等场合一次又一次勇敢地站出来，公开发出反对的声音。

《红旗日报》有篇文章批判何孟雄时亦指出:"江苏省第二次代表会议以来的八个月中,在各种会议上他都有不同的意见。"9月1日,上海区委、各党团书记联席会议上,何孟雄当面批评李立三领导的路线与国际路线不同,明确提出"立三路线再执行下去会葬送中国革命,散乱了中国的党"。李立三当场禁止他继续发言。很快,江苏总行委便根据中央意见,在9月4日撤销了何孟雄沪中区行委书记的职务。

9月8日,何孟雄向江苏总行委和中央政治局递交了两万多字的《政治意见书》,坦诚直率地从中国革命与世界革命关系、准备武装暴动、中国革命发展不平衡、工人运动等12个方面系统阐述了自己对中国革命问题的见解,批判了"左"倾盲动错误。他客观地指出,"在革命急剧发展中,右倾斗争主要是指出对于形势估量得不够,对于领导革命没坚强的阶级意识……但同时所谓左(倾)的机会主义,现在仍然是一种危害党的思想,尤其是革命急切发展的过程中,左倾思想有生长的可能。""这些左倾的错误思想多半是脱离群众,离开列宁主义的路线",所谓"空自夸大的高调,并不能引起任何的群众运动,这样绝不能巩固群众对共产党的信仰,适得其反的要削弱党在群众中的影响,只是表示与群众隔离"。对于与李立三的争论,何孟雄表示"没有人的问题",并承认自己"说话的态度不好,不冷静,容易引起同志的误会"。最后，他痛苦地写道："我的沪中（区委）书记已撤销了，十年来为无产阶级为党工作，没一天不是站在最前线，当这紧张时期使我不能站在最前线与阶级敌人拼死，到亭子间来，说不尽我苦痛和难过。"

历任中共江苏省委书记、中共中央上海局书记的刘晓回忆道："何孟雄同志的这些意见在当时处于少数地位，但态度很坚决、力排众议，不怕打击。"正是对真理的执着坚持、对党的忠贞不贰，才使得何孟雄即使屡受打击，也要一次次勇敢地挺身而出，努力挽救党的革命事业。

百折不挠　捍卫真理志不屈

1930 年 8 月，周恩来、瞿秋白根据共产国际指示，返回上海纠正 6 月 11 日中共中央政治局决议的错误。9 月 24 日至 28 日，在周恩来和瞿秋白主持下，中国共产党在上海召开扩大的六届三中全会，周恩来在会上作《传达国际决议的报告》和《组织报告》，纠正了李立三对革命形势的错误估计，论述了中国革命发展不平衡的原因和表现，同时批评了李立三在工作布置上的"左"倾冒险错误，强调了加强红军和革命根据地工作的重要性。李立三在会上作了自我批评，并在会后离开了中央的领导岗位。

然而，由于共产国际路线本身就存在着"左"的问题，中共扩大的六届三中全会虽然结束了李立三"左"倾冒险错误在党中央的统治。但对于曾正确反对李立三"左"倾冒险错误的何孟雄，仍错误地作为"右倾机会主义分子"进行批判。10月底的江苏省委扩大会议上，又开除了何孟雄江苏省委候补委员的资格，剥夺了他在党内的最后职务。

面对接二连三的批判和打击，何孟雄没有退缩。为了党的事业，他在10月、11月、12月先后4次向中央政治局写信或递交意见书，继续申述自己的正确主张，表现了一个共产党员无限忠诚于党的事业的高尚品质和无产阶级革命家的坚定立场。真正让他感到痛苦、难过的不是受到打击，而是无法参与党的实际工作："我自己很痛苦的，很难过的地方，在工作的改正中，因这次事件，不能将实际工作意见贡献于党，这是我对党很大罪恶。"

正像他对欧阳立安说的那样："一个革命战士，要像暴风雨中的海燕，经得起斗争的考验。"终于在1930年12月16日，中共中央政治局通过了《关于何孟雄同志问题的决议》，明确指出，"何孟雄同志政治意见书一般的是正确的，是合乎国际路线所要求的观点，来反对当时中央立三路线的观点的"，"何孟雄同志当时在党的各级会议上，在与会同志谈话中，一般的说来，孟雄同志的意见多是对的……当时江苏省委总行委停止孟雄同志的工作，后来省委扩大会没有要孟雄同志出席并开除其后（候）补省委委员，这是严重的错误，并且这些攻击与处分，完全是抑制自我批评的家长制度与惩办的具体表现——这本是立三路线的组织原则"，并决议取消对何孟雄的处分，公布何孟雄的意见书。

然而一波未平，一波又起。11月中旬，《共产国际执委给中共中央关于立三路线问题的信》(即"十月来信")传到中国，指出六届三中全会对"立三路线"的斗争犯了调和主义的错误。此后，党内意见再次出现严重分歧。

12月中旬，远东局负责人米夫无视何孟雄在反对李立三"左"倾冒险错误中的突出表现，反而赞扬王明在反对"立三路线"斗争中是正确的，并带来共产国际执委东方部批评三中全会、批判何孟雄的意见。种种因素的影响下，中央通过的《关于何孟雄同志问题的决议》迟迟没有公布，也没有通知何孟雄本人，更遑论恢复其党内的工作。而从莫斯科回国的王明凭借米夫的支持，公然打出"反对六届三中全会的调和路线"的旗号，不仅进行小组织活动反对六届三中全会的中央，还赶写出《两条路线——拥护国际路线，反对立三路线》的小册子，作为反对六届三中全会的纲领。为了将自己塑造为反立三"左"倾错误的最大功臣、共产国际路线的忠实执行者，他多次攻击何孟雄是在"反立三路线的掩盖下发挥自己的一贯右倾机会主义的思想"，要求大家"与之进行坚决斗争"。

1931年1月7日，在米夫的一手策划与操纵下，中共扩大的六届四中全会在武定路修德坊6号秘密召开。王明在长篇发言中指责六届三中全会实质上依然继续着李立三"左"倾错误，并点名批判瞿秋白。何孟雄的发言则与王明针锋相对，认为瞿秋白认识错误后并不存在右倾的问题，应当继续在政治局领导工作。

米夫在会议总结中，一面攻击李立三、瞿秋白，一面对王明等人大肆吹捧，说"他们是坚决地站在国际路线上面来反对立三路线的"，竭力把王明继续塑造成"反立三路线的英雄"，使王明在最后的选举中突击成为中央委员、中央政治局委员，党中央的领导权自此落入王明的操纵，开始了王明"左"倾教条主义对中央的统治。

中共扩大的六届四中全会在武定路修德坊6号中共中央特科机关办公地召开（今武定路930弄14号）。图为中共中央特科机关旧址旧景、今景

在党内出现路线斗争的危难时刻,何孟雄、林育南、李求实等始终为党的利益考虑的共产党人,反对王明"左"倾教条主义。他们忠诚于党,从未计较个人得失,始终为党的事业坚持真理、英勇斗争。

可歌可泣 龙华千古仰高风

中共扩大的六届四中全会后,何孟雄、林育南、李求实等分别在汉口路东方旅社和天津路中山旅社秘密聚会,商讨抵制王明错误领导的对策。由于叛徒告密,1月17日下午,国民党上海市公安局会同租界巡捕房先在东方旅社逮捕了林育南、柔石、胡也频等人,又在中山旅社逮捕了散会后尚未撤退的蔡博真、欧阳立安、段楠等人。何孟雄、黄理文、龙大道未参加下午的会议,待到晚上前往中山旅社探听会议消息时,先后被守候的警探逮捕。19日,警探又到何孟雄家中大肆搜捕,将两个年幼的孩子连同在场的亲人等全部逮捕。5天内,国民党上海市公安局会同租界巡捕房共逮捕共产党人和革命群众36人,制造了轰动一时的东方旅社事件。

1月19日,何孟雄等17名被捕同志从老闸捕房被押送到江苏上海第一特区地方法院受审,他被列为第17号被告。他在庭上从容地回答说:"我叫陈方,现年28岁,安徽人,是搞印刷

业，现住法租界。我是到中山旅社 7 号房间找姓刘的朋友。包探
叫我到 6 号房间，我进去房内，只有一人，就是包探，把我捉住
了。"由于他说得头头是道，审判长也无言以对。法院判决后，
何孟雄等人被送往南市的市公安局侦缉队看守所，23 日又被押上

五卅惨案后，中国政府于 1927 年正式收回上海公共租界会审公廨，设立上海公共租界临时法院。1930 年设立江苏上海第一特区地方法院、江苏高等法院第二分院，后者为前者的上诉法院。图为位于浙江北路 191 号的公共租界会审公廨旧址旧景

龙华淞沪警备司令部旧景

囚车解送到了龙华淞沪警备司令部看守所。中央政治局获悉何孟雄等同志被捕后曾指示中央特科组织营救，准备在敌人押解被捕同志的囚车到淞沪警备司令部时，在龙华与租界的交界处劫车。但由于时间差错，劫车失败了。

在狱中，政治犯一般都不钉镣，唯有何孟雄这案的男性政治犯每人都上镣，只有少数几个准许把衣被食物送进，但不准和来人见面。据一同被捕的时任中共闸北区委书记黄理文回忆，何孟雄、林育南、李求实在狱中仍关心着党和革命的命运，共同商量起草了一份给共产国际的意见书，由黄理文转交狱中支部负责人宗孟平设法送出。意见书揭露米夫无视中国革命的实际情况，以一小撮亲信作为改造党的干部的唯一来源，犯了主观主义的教条主义和宗派主义错误，并申明反对国际代表并不是反国际，国际代表处理中国问题不符合国际精神。

在狱中，审问者知道何孟雄在党内处境不佳，想挑拨他与党的关系，于是说："我们知道，你反对立三路线，我们也反对立三路线，希望我们联合起来……"

何孟雄马上站起来怒斥："咱们俩根本不一样，怎么能联合起来呢?! 我们反对立三路线是为了建立一条正确路线，打倒你们，赶走帝国主义!"

审问者碰了壁，又嘲弄何孟雄说："你死后，共产党会给你什么处分？"

何孟雄再次义正词严地予以驳斥："革命队伍内出了叛徒固然可恨，但叛徒再多，不能影响革命。今天叛徒出卖了我，明天将会有千百个革命的后来人！我们的党不像你们国民党腐朽没落！"

1931年2月7日晚9时许，林育南、何孟雄、李求实、龙大道、恽雨棠、李文、蔡博真、伍仲文、欧阳立安、王青士、费达夫、汤仕伦、汤仕佺、彭砚耕、柔石、胡也频、冯铿、殷夫、段楠、刘争、李云卿、罗石冰、贺治平等24位同志被提出监牢，在壮烈的《国际歌》声中，英勇就义。何孟雄牺牲时年仅32岁。

当龙华烈士们英勇就义的噩耗传来，王明却继续攻击他们，诬蔑他们的牺牲是"个人野心""反党分裂党"的必然结果。周恩来经过一个多月的调查了解，判明这些烈士是"为党"而"不是反党"，提笔写下《反对国民党残酷的白色恐怖》一文，作为社论刊登在1931年3月12日的党报《群众日报》上。他严格区分了党内斗争和对敌斗争的界限，冲破了王明的所谓"右派""反党"的错误论断，从根本上维护了烈士们的英名。文章明确指出何孟雄等24个同志"都是无产阶级的先锋战士，他们大多数都有英勇的阶级斗争历史，自然，他们都成为帝国主义、国民党资本家的死敌"；他们的慷慨就义，表现了"革命

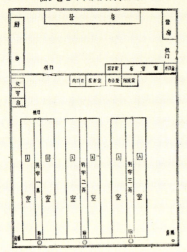
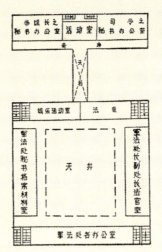

龙华淞沪警备司令部看守所平面图

国民党淞沪警备司令部遗址区出土的手铐

何孟雄画传

战士为阶级斗争而牺牲的英勇，给予统治阶级的白色恐怖政策以有力的回答"；他们的热血，"必然更要燃烧着广大工农群众的革命火焰，更迅速摧毁和埋葬帝国主义、国民党以及一切反动势力到死亡的进程"。针对王明一伙对烈士的肆意污蔑，周恩来指出，何孟雄等同志"在帝国主义国民党残酷摧残中，仍表现其对统治阶级反抗的坚决，与为阶级斗争而牺牲的慷慨激昂，绝不能因其对党内斗争的错误，而与出卖阶级的叛徒同日而语"，强调："何孟雄等同志的牺牲，自然是革命中的巨大损失！"

历史终究会给出正义的审判。1945年中国共产党扩大的六届七中全会通过的《关于若干历史问题的决议》，最终为何孟雄等人平反，作出了公正的评价。决议指出："林育南、李求实、何孟雄等二十几个党的重要干部，他们为党和人民做过很多有益的工作，同群众有很好的联系，并且接着不久就被敌人逮捕，在敌人面前坚强不屈，慷慨就义……所有这些同志的无产阶级英雄气概，乃是永远值得我们纪念的。"

1986年起，在南京大学奚金芳教授、吉林大学曹仲彬教授等学者的努力下，《何孟雄文集》《何孟雄研究文集》《何孟雄传》先后出版，为了解和研究何孟雄生平和思想积累了宝贵的资料。如今，何孟雄、缪伯英夫妇的故事逐渐被越来越多的人所熟知：

在中共上海市纪律检查委员会、中共上海市委党史研究室编写的《作风百典》中，何孟雄"在工人中学习，在实践中学习"和"坚持真理，无私无畏"的优秀作风被作为党员纪律教育的学习榜样；

湖南株洲戏剧传承中心创排的民族歌剧《英·雄》以何孟雄、缪伯英为原型，塑造出了一对可歌可泣的"英雄夫妻"形象，自 2018 年起在全国各地巡回演出，2023 年在何孟雄的母校北京大学百周年纪念讲堂上演，打动了在场的每一名观众；

在何孟雄故乡炎陵县，人们在炎陵烈士纪念碑旁郑重刻下了何孟雄、段楠、李却非、贾纡青等从炎陵走出的英烈姓名；

何孟雄少年意气写下的"从容莫负少年头"，几乎被收入每一本英烈诗抄……

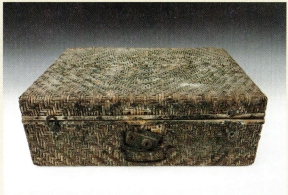

何孟雄1927年用过的铜烧水壶和何孟雄夫妇用过的"英雄书箱"

炎陵烈士纪念碑

何孟雄大事年表

1898 年

6月2日　生于湖南省酃县中村乡龙塘村（今湖南省株洲市炎陵县龙潭村）。原名定礼，字国正，乳名瑞生。

1904 年

何母邝氏逝世。

1906 年

何父何周臣逝世。此后由长兄何少青抚育长大。

1907 年

夏　入本村龙门小学（何氏家学）就读。

1911 年

夏　入酃县梅岗书院（高小）就读。

1914 年

夏　入长沙岳云中学就读，住校长、堂叔何炳麟处。

1916 年

因揭露庶务主任欧阳义挪用学生膳费经商一事被挂牌处分，愤而离校。此后辗转其他学校就读都因岳云中学出具信函而被迫中止学业。从此与堂叔断绝往来。

1917 年

春 改名何纯，字坦如，考入湖南公立工业专门学校，编入工专机械 5 班。

1918 年

5 月 因南北军阀交战停课返乡。返校后发现日记本被校长没收烧毁，愤然离校。

8 月 与毛泽东等共同前往北京。长兄何少青支薪借债凑足了路费和学费，亲自送他启程。

9 月 入北京大学附设高等法文专修馆学习。

1919 年

3 月 正式注册为北京大学哲学系旁听生。

5 月 4 日 参与五四爱国运动，前往东交民巷游行示威。

6 月 3 日 与各校数百名学生上街讲演，被警方逮捕后关押于北京大学法科礼堂。

6 月 8 日 何孟雄等学生获释返校。

10 月 9 日 在《时事新报》发表第一篇短文《过去的青年》，署名"静"。

10 月 28 日 在《时事新报》发表《义务学校教材之商榷》，署名"静"。

11月29日　致《时事新报》主编张东荪的信刊登于该报《学灯》副刊，署名"何梦雄"。

12月4日　报名参加的北京工读互助团第一组成立。

12月11日　致宗白华的信在《时事新报》登出，署名"梦雄"。

1920年

1月15日　《晨报》报道何孟雄等5人创办"俭洁食堂"开张的消息，称其为"诚实寒苦学生之好模范"。

1月17日　杨昌济逝世。后与毛泽东、缪伯英等共同参加追悼会。

1月21日　缪伯英等组织北京工读互助团第三组（又称"北京女子工读互助团"）。

3月24日　北京工读互助团第一组宣告解散。

3月　加入李大钊秘密发起的北京大学马克思学说研究会。

5月1日　与另7名北大学生乘坐汽车分头赴东城、西城巡街宣传，沿途散发传单，被闻讯赶来的军警拘捕，是为何孟雄第二次入狱。5月1日、6日，先后手书两份供词，并在审讯中义正词严地同审问官展开当面斗争。

5月9日　《北京大学学生周刊》报道"北京'五一'运动的真相"，称何孟雄等为"我们中国第一次为'五月一日'运动而入狱现在还没有出来的八个少年"。

5月17日 由北大校长蔡元培、中国大学校长姚憾、北大斋务课课长胡春林出面保释出狱。

7月14日 在《时事新报》发表《北大待工人的情形》，署名"孟雄"。

8月 作为工读互助团代表出席五团体会议。

11月 北京社会主义青年团成立，何孟雄加入。此后很快成为北京共产党早期组织最早的党员之一，并前往长辛店、唐山、南口等地调查访问，与工人们一起劳动。

11月24日 在《民国日报》副刊《觉悟》发表《北大印刷工人罢工底始末》，署名"孟雄"。

12月20日至22日 《劳工运动究竟怎样下手?》一文在《时事新报》连载。

1921年

1月8日 在《时事新报》发表《徒弟制改革的商榷》，署名"孟雄"。

1月11日 长辛店劳动补习学校正式开学。何孟雄担任学校兼职常识课教员，每周步行往返六七十里去长辛店讲课。

同日 在《时事新报》发表《今年的努力》，署名"孟雄"。

1月16日 在《时事新报》发表《劳动储金之我见》，署名

"孟雄"。

3 月 16 日 在北京社会主义青年团特别会议上当选为出席少共国际第二次代表大会代表，后起草《北京社会主义青年团致国际少年共产党大会书》。

同月 在《曙光》发表《发展中国的实业究竟要采用什么方法？》，署名"孟雄"。

4 月初 在满洲里准备出境入俄前被奉系军阀逮捕，随即被押解至黑龙江陆军监狱，是为何孟雄第三次入狱。在狱中据理力争、饱受酷刑，并作《狱中题壁》一首。

6 月 经北京社会主义青年团和李大钊等人的积极营救后获释，返抵北京。

7 月 23 日 中国共产党第一次全国代表大会在上海开幕，宣告中国共产党成立。不久，在北京成立中国共产党北京地方委员会，李大钊任首任书记。

10 月 9 日 重阳节当日，何孟雄与缪伯英在北京中老胡同 5 号举行婚礼。

同月 参加中国劳动组合书记部北方分部工作。

11 月 17 日 与邓中夏、罗章龙、吴雨铭、黄日葵、刘仁静、范鸿劼、朱务善等共 19 人在《北京大学日刊》联名发表《发起马克思学说研究会启事》。

11月18日 罗章龙赴陇海路支援罢工斗争，何孟雄、缪伯英代理中国劳动组合书记部北方分部和《工人周刊》编辑工作。

12月4日 在《工人周刊》发表《陇海路罢工之大胜利》，署名"之君"。

12月11日 在《工人周刊》发表《读了〈本社旅行记者的来信〉以后》《长沙土木工人快快自己组合起来呵》两篇评论文章，署名"之君"。

11月至12月 在《工人周刊》连载《经济学大要》。

12月 被中国劳动组合书记部北方分部正式任命为京绥铁路工会秘书和党团书记。12月20日至26日，前往京绥路沿线各站考察工人运动开展情况，25日下午在南口精业研究所发表演说。

1922年

1月22日 作为中国劳动组合书记部北方分部代表参加江岸京汉路工人俱乐部成立大会，并发表题为《谁是工人之友？》的重要演说。

1月29日至2月5日 根据1921年12月考察所得的《京绥路六日游记》在《工人周刊》分两期发表，署名"之君"。

2月1日 在长辛店工人俱乐部发表题为《无产阶级的战

术》的演说。

2月12日　在《工人周刊》发表《谁是工人之友？》演说稿，署名"江囚"。

2月19日　在《工人周刊》发表《无产阶级的战术》演说稿，署名"江囚"。

同月　与罗章龙、缪伯英等发动长辛店工人组织"香港海员罢工北方后援会"。

5月　担任交通部京绥路密查员，以此身份开展工人运动。

6月　领导南口机厂工人成立工人组织"京绥铁路南口工业研究所"，被选举为秘书长。

同月　发展铁路工人李泽、李连升、周振声等6人入党，并建立张家口第一个党小组，公开称作"中国劳动组合书记部张家口铁路工人小组"。

7月　在张家口领导车务工人重新建立没有路局员司参与的"京绥路车务工人同人会"，担任秘书。

同月　担任改组后的中共北京地方委员会候补委员。

8月15日、20日　在《晨报》连续刊文揭发南口机车厂监工毛有德和厂长的劣行。前者于9月初被调离。

8月23日　在《晨报》发表《南口几遭兵祸之真相》，署名"静"。

8月24日　出席北京民权运动大同盟成立大会，当选为交际股主任。大会通过了民权运动大同盟的宣言和大纲。

9月3日　为响应中国劳动组合书记部劳动立法运动，领导南口工业研究所发出三件通电，《晨报》以《工人对劳动立法之呼吁》为标题刊出南口工业研究所三件通电全文。

9月5日、15日、26日　以"静"的笔名在《晨报》连续刊文，报道大同盟成立以来各项工作的开展情况。

10月10日　参与北京国民裁兵大会，率领游行队伍北队从北大一院出发至天安门。下午大会时，场下报告时任北洋政府总统黎元洪已到场，何孟雄冲上讲台，大声呼吁要求总统履行鱼电宣言、废止治安警察法。南口机厂亦派一队工人代表前往北京参与国民裁兵大会，其余工人就地召开庆祝"中华民国国庆日"的大会。

10月26日　车务工人同人会在先后两次向京绥路局递交请愿书无果后，代表全体车务工人再次向路局提出7条11款的罢工要求，限期24小时内予以明确答复。

10月27日　京绥铁路1500名车务工人以张家口为中心举行大罢工，发表《京绥铁路车务工人罢工宣言》。

10月28日　京绥路机务、车务、警务三处全体加入罢工。

10月29日　罢工取得胜利，车务工人同人会发出上工宣言。

同月　介绍张树珊（大同铁路工人）、张小珊、魏华驰、傅国忠等入党，劳动组合书记部张家口铁路工人小组正式改名为中共张家口铁路工运小组。

11月7日　出席在北大三院大讲堂举行的苏俄共和纪念日讲演大会。

11月8日　在《晨报》发表《昨天的苏俄纪念会真热闹》，署名"子静"。

12月27日　领导京绥路工人在车务同人总会召开代表大会，通过了成立京绥铁路总工会筹备委员会的议案。

1923年

1月　分别领导南口工人、京绥路总工会（筹）开展驱逐背叛工人的工会会长高继福的斗争和针对拖欠薪酬的索薪斗争。

1月20日　担任改选后的北京大学学生干事会交际股干事，参与整顿恢复陷于停顿状态的北京学生联合会，推动"挽蔡驱彭"运动。

2月初　李大钊约集北京党组织负责人范鸿劼、何孟雄等人，讨论国共两党联合战线问题。

2月3日　民权运动大同盟、马克思学说研究会、北大平民讲演团、少年中国学会、北大学生干事会、北京学生联合会、社会主义青年团、工人周刊社、劳动组合书记部等30多个进步团体在北河沿开会，决定组成北京各团体联合会。

2月7日　二七惨案发生后，罗章龙、何孟雄等召开党组织紧急会议，何孟雄留在北京解决救济等善后事宜。

2月9日　领导北京青年团组织各校学生分别在北大三院礼堂和女高师举行万人集会，高揭烈士血衣举行示威游行。

同月　参与《京汉工人流血记》的编纂工作。

3月7日　北京学生联合会举行记者招待会，历数军阀政府的野蛮行径，并提出教育独立、澄清政治、拥护人权、力争外交4项主张。何孟雄作为学生代表在会上发言。

3月22日　北京27个团体、约5000人在北京高师公开举行二七遇难诸烈士追悼大会，何孟雄在会上发表沉痛悼念施洋、林祥谦等二七烈士的演说。

5月1日　北京各团体联合会在天安门前召开"五一劳动纪念大会"，大会提出3项宗旨、表决5项议案。何孟雄、缪伯英等10余人相继上台发表演说。

6月　与李大钊等北方区党组织代表共12名前往广州出席中国共产党第三次全国代表大会。

7月　原北京地委与新成立的北京区委合并，称北京区执行委员会兼北京地方委员会，何孟雄任委员长。

10 月　中共北京区委兼北京地委改组，由范鸿劼任委员长，何孟雄改任社会主义青年团北京地方执行委员会委员长。

1924 年

1 月 20 日　在《新民国杂志》发表长文《十二年来"民治派"与"反民治派"斗争之经过及今后国民应有之觉悟》。

2 月 7 日　到北京西山出席全国铁路工人第一次代表大会，当选为全国铁路总工会委员。

3 月 8 日　中共北京区委兼北京地委再次改组，何孟雄任委员兼国民运动委员会秘书。

4 月 20 日　国民党北京执行部在北京织染局 29 号正式成立，何孟雄任秘书处文书科助理。

5 月　北京党、团组织暴露，李大钊等领导成员因被反动当局通缉先后离开北京，何孟雄留守北京。

6 月　中共北京区委兼北京地委恢复，何孟雄任委员长。

秋　何孟雄积劳成疾，由赵世炎接任委员长工作。

1925 年

1 月　偕缪伯英取道上海回长沙养病，受邓中夏委托视察湘鄂铁路工运。

4 月　再次受组织委派返回京绥路开展工人运动，积极筹建京绥路总工会。

5月1日　京绥路各站代表在张家口举行"五一劳动节纪念大会"，何孟雄在会上以全国铁路总工会代表名义作关于"铁路工人与政治"的报告。

6月　缪伯英在长沙诞下长子，取名重九。

8月9日　京绥铁路总工会成立大会在张家口车站扶轮学校召开，聘请何孟雄担任秘书。何孟雄作为全国铁路总工会代表进行了慷慨激昂的演说。

同月　推动成立中共大同铁路工人支部。

10月　推动成立中共张家口地方执行委员会。

1926年

1月　任中共唐山地委书记兼京奉铁路总工会委员长。到1926年上半年，已建起8个厂矿支部及交通部唐山大学支部和新石庄农村支部，党员发展到约200人。

6月　缪伯英携儿子前往武汉暂避，参与中共湖北省委妇委工作。

下半年　前往武汉与妻儿团聚。

1927年

5月　中共五大后，任中共汉口市委组织部主任。

6月　省委机关迁至汉口，同时撤销中共汉口市委，原市委所辖各区委由省委直接领导，何孟雄亦调至中共湖北省委工作。

7月　与长兄何少青在武汉偶遇，后到长兄家暂住。

8月　根据组织安排，携全家前往上海工作。邓中夏到上海改组中共江苏省委后，何孟雄任中共江苏省委候补委员。

9月至10月　兼任中共沪西区委书记。

秋　兼任中共江苏省委农委秘书，负责外县工作。

11月　根据中共江苏省委制定的第二次《江苏农民运动计划》，何孟雄化名廖慕群，与随员黎明、汤汝贤来到横沟寺，召集淮安、涟水、淮阴、泗阳4县党员开会，传达八七会议精神，指导中共淮安特支成立起农民委员会、妇女委员会。

12月初　前往淮阴指导成立中共西坝盐工支部、中共淮阴店员支部、中共淮阴中学学生支部。

12月中下旬　回沪参加中共江苏省委扩大会议，接受限期普遍发动城乡暴动的指示，任中共淮阴特委书记。

12月23日　指导中共淮安特支举行钦工镇万人武装示威大会。

12月底　在横沟寺宣布成立由陈治平任书记的中共淮安县委。

1928年

1月　作为中共江苏省委派出的北路巡视员前往东台、盐城、阜宁、淮安、涟水、泗阳、淮阴等地巡视。

1月31日　中共江苏省委通告第25号文件传达了何孟雄等巡视员在各地考察中总结的"江苏农民运动中发展和领导群众争斗的策略问题"，分析了过去江北农民运动出现盲动错误的原因。

2月初　先后深入淮阴中学、泗阳城厢指导当地党员工作，帮助成立中共淮阴县委、中共泗阳县委。

2月5日　中共江苏省委拟定的临时执委名单任命何孟雄为中共南京市委书记（未到岗）。

2月10日　陈治平、谷大涛得知县政府准备先发制人"围剿"农民自卫军的消息，在未请示何孟雄的情况下决定先发制人，发动了横沟暴动。

2月12日　淮安县国民党政府集中"围剿"横沟寺的农民自卫军，横沟暴动最终失败，谷大涛、章学廉等同志在战斗中壮烈牺牲。

3月　中共江苏省委宣布撤销中共淮阴特委。

4月　在中共江苏省委负责宣传和农村工作。撰写《对淮安北乡暴动的批评和决议》。

7月　以中共江苏省委名义起草《江苏农民秋收斗争决议案》。

9月　在中共江苏省委《多数》杂志创刊号发表《江苏农民

的斗争和民族资产阶级的统治》，署名"梦熊"。

10月10日 在中共江苏省委《多数》杂志发表《反革命统治下的南京民众》，署名"孟翁"。

10月17日 在中共江苏省委会上补选为省委常委，负责农委兼军委工作。在会上发表《江苏军事工作意见书》，署名"白水"。

11月20日 党中央组成两个巡视委员会，负责巡视上海党和工会的工作。何孟雄参与巡视。

1929年

1月 何孟雄调中共南通市委书记（未到岗）。

7月 任中共沪中区委书记。

8月 任中共沪东区委书记。

10月 缪伯英病逝，年仅30岁。

11月 中共江苏省委第二次代表大会召开。何孟雄在会上毅然反对李立三的"左"倾错误主张。

1930年

3月 任中共沪东区行委主席团成员。

4月15日 化名"周子敬"给中共中央机关报《红旗》记者写信。信件及复信于5月24日刊出，受到批判。

6月 任中共沪中区委书记。

7月 任中共江苏省总行委委员、沪中区行委书记。

9月4日　被撤销中共沪中区行委书记。

9月8日　向中共江苏总行委和中央政治局递交了两万多字的《政治意见书》，此后多次以政治意见书、书信形式表达自己的政治观点。

9月24日至28日　中共扩大的六届三中全会召开，全会批评了李立三在工作布置上的"左"倾冒险错误，但仍批判了何孟雄。

12月16日　中共中央政治局通过了《关于何孟雄同志问题的决议》，决议取消对何孟雄的处分，但未予公布。

1931年

1月7日　参加中共扩大的六届四中全会。

1月17日　在中山旅社被捕。

1月23日　被转押至龙华淞沪警备司令部。

2月初　与林育南、李求实署名向共产国际提送意见书。

2月7日　在龙华淞沪警备司令部英勇牺牲。

谱　后

1931年3月12日　周恩来起草撰写的《反对国民党残酷的白色恐怖》在《群众日报》发表。文章指出，何孟雄等同志"在帝国主义国民党残酷摧残中，仍表现其对统治阶级反抗的坚决，与为阶级斗争而牺牲的慷慨激昂，绝不能因其对党内斗争的错误，而与出卖阶级的叛徒同日而语"。

1945 年 4 月　中共扩大的六届七中全会作出《关于若干历史问题的决议》。决议指出："林育南、李求实、何孟雄等二十几个党的重要干部，他们为党和人民做过很多有益的工作，同群众有很好的联系，并且接着不久就被敌人逮捕，在敌人面前坚强不屈，慷慨就义……所有这些同志的无产阶级英雄气概，乃是永远值得我们纪念的。"

参考文献

1. 中共中央党史研究室:《中国共产党历史》第 1 卷（1921—1949），中共党史出版社 2002 年版。

2. 中共中央党史研究室第一研究部译:《联共（布）、共产国际与中国苏维埃运动（1927—1931）》，中共党史出版社 2019 年版。

3. 中共中央马克思恩格斯列宁斯大林著作编译局研究室编:《五四时期期刊介绍》第 2 集，生活·读书·新知三联书店 1959 年版。

4. 中共中央文献研究室:《毛泽东年谱：1893—1949（修订本）》上卷，中央文献出版社 2013 年版。

5. 中央档案馆编:《中共中央文件选集》第 1 册（1921—1925），中共中央党校出版社 1989 年版。

6. 奚金芳、陆遵望、邵敏编:《何孟雄文集》，人民出版社 1986 年版。

7. 奚金芳、邵敏编:《何孟雄研究文集》，江苏人民出版社 1992 年版。

8. 曹仲彬：《何孟雄传》，吉林大学出版社 1990 年版。

9. 中共上海市委党史研究室：《中国共产党上海历史》第 1 卷（1921—1949），中共党史出版社 2022 年版。

10. 中共北京市委党史研究室：《中国共产党北京历史》第 1 卷（1921—1949），中共党史出版社 2021 年版。

11. 北京市档案馆编：《中国共产党北京（平）党组织活动纪实》，新华出版社 2021 年版。

12. 中共河北省委党史研究室：《中国共产党河北历史》第 1 卷，中央文献出版社 2001 年版。

13. 中共唐山市委党史研究室：《中国共产党唐山历史》第 1 卷（1921—1949），中共党史出版社 2014 年版。

14. 中共内蒙古自治区委员会党史和文献研究室：《中国共产党内蒙古历史》第 1 卷（1921—1949），中共党史出版社 2021 年版。

15. 中共北京市委组织部、中共北京市委党史资料征集委员会、北京市档案局：《中国共产党北京市组织史资料》，人民出版社 1992 年版。

16. 中共上海市委组织部、中共上海市委党史资料征集委员会、中共上海市委党史研究室、上海市档案局：《中国共产党上海市组织史资料（1920.8—1987.10）》，上海人民出版社 1991

年版。

17. 中共湖北省委组织部、中共湖北省委党史资料征集编研委员会、湖北省档案馆编:《中国共产党湖北省组织史资料（1920. 秋—1987.11）》,湖北人民出版社 1991 年版。

18. 中共武汉市委组织部、中共武汉市委党史办公室、武汉市档案馆编:《中国共产党湖北省武汉市组织史资料（1920—1987）》,湖北人民出版社 1991 年版。

19. 中共张家口地委党史资料征集办公室:《中国共产党张家口地区历史资料》,1982 年印。

20. 张家口市总工会工运史研究室编:《张家口工人运动史资料》第 1 辑,1987 年印。

21.《湖湘红色基因文库》编纂出版委员会、中共湖南省委党史研究院:《中国共产党长沙历史（1920—1949）》,湖南人民出版社 2021 年版。

22.《湖湘红色基因文库》编纂出版委员会、中共湖南省委党史研究院:《中国共产党株洲历史（1921—1949）》,湖南人民出版社 2021 年版。

23.《湖湘红色基因文库》编纂出版委员会、中共湖南省委党史研究院:《炎陵县革命斗争史（1921—1949）》,湖南人民出版社 2021 年版。

24. 北京大学党史校史研究室：《北大英烈》第 1 辑，北京大学出版社 1992 年版。

25. 中共党史人物研究会：《中共党史人物传》第 49 卷，陕西人民出版社 1991 年版。

26. 中共上海市委党史研究室、中国社会主义青年团中央机关旧址纪念馆编：《觉悟渔阳里》，上海人民出版社 2017 年版。

27. 中共上海市纪律检查委员会、中共上海市委党史研究室编：《作风百典》，中国方正出版社 2007 年版。

28. 中国人民政治协商会议河北省委员会文史资料研究委员会编：《河北文史资料选辑》第 6 辑，河北人民出版社 1982 年版。

29. 中共北京市委党史研究室、北京市地方志编纂委员会办公室：《红楼旧址群故事》，北京人民出版社 2021 年版。

30. 中国革命博物馆编：《北方地区工人运动资料选编（1921—1923）》，北京出版社 1981 年版。

31. 中央档案馆、江苏省档案馆编：《江苏革命历史文件汇集（1928 年 1 月—1928 年 8 月）》，1985 年印。

32. 中央档案馆、江苏省档案馆编：《江苏革命历史文件汇集（1928 年 9 月—1929 年 2 月）》，1985 年印。

33. 中共江苏省委党史资料征集委员会、江苏省档案局编：

《江苏革命史料选辑》第 4 辑，1982 年印。

34. 中国革命博物馆、湖南省博物馆编：《新民学会资料》，人民出版社 1980 年版。

35. 中共上海市委党史研究室编：《周恩来在上海》，上海人民出版社 1998 年版。

36. 中共中央文献研究室编：《陈云传》，中央文献出版社 2015 年版。

37. 中共浙江省委党史研究室编：《俞秀松纪念文集》，当代中国出版社 1999 年版。

38. 冯资荣、何培香编：《邓中夏年谱》，中国文史出版社 2014 年版。

39. 罗章龙：《椿园载记》，生活·读书·新知三联书店 1984 年版。

40. 金冲及：《二十世纪中国史纲（增订版）》全 4 卷，生活·读书·新知三联书店 2021 年版。

41. 李国棣、李慕禅编著：《京华通览：南口》，北京出版社 2018 年版。

42. 国家图书馆古籍馆编：《国家图书馆藏京张路工集》，天津古籍出版社 2013 年版。

43. 周唯一：《娄梦侠传》，解放军文艺出版社 2006 年版。

44. 李大钊：《在少年中国学会北京会员茶话会上的讲话》，载中国李大钊研究会编注：《李大钊文集》第 3 卷，人民出版社 1999 年版，第 205 页。

45. 恽代英：《实现生活》，载恽代英：《恽代英文集》上卷，人民出版社 1984 年版，第 66—68 页。

46. 恽代英：《民治运动》，载恽代英：《恽代英文集》上卷，人民出版社 1984 年版，第 335—343 页。

47. 刘晓：《党的六届三、四中全会前后白区党内斗争的一些情况》，载欧阳淞、曲青山主编，陈小丽分册主编：《红色往事：党史人物忆党史》第 1 册（政治卷上），济南出版社 2012 年版，第 120—130 页。

48. 李维汉：《回忆江苏省委》，载李维汉：《回忆与研究》上，中共党史资料出版社 1986 年版，第 272—320 页。

49. 李维汉：《六届四中全会前后》，载李维汉：《回忆与研究》上，中共党史资料出版社 1986 年版，第 321—334 页。

50. 金冲及：《他们为什么选择了社会主义——五四时期先进青年思想变动轨迹的剖析》，载金冲及：《新旧中国的交替——金冲及自选集》，首都师范大学出版社 2014 年版，第 94—114 页。

51. 吴海勇：《慕群同志在沪西——记何孟雄》，载上海市普陀区文化和旅游局编：《星火沪西》，华东师范大学出版社 2021

年版，第 125—135 页。

52. 王宏适：《何孟雄四到南口搞工运》，载北京市政协文史资料委员会编：《北京文史资料精选（昌平卷）》，北京出版社 2006 年版，第 16—22 页。

53. 谌小岑：《李大钊先生与觉悟社》，载《回忆李大钊》，人民出版社 1980 年版，第 94 页。

54. 曾长秋：《五四时期湖南青年赴法勤工俭学及建党活动》，载中国共产党创建史研究中心编：《中共创建史研究》，上海人民出版社 2023 年版。

55. 乐天宇：《何孟雄烈士早期革命事迹》，《湖南党史通讯》1985 年第 6 期。

56. 奚金芳：《第一、二次何孟雄思想学术讨论会综述》，《中共党史研究》1991 年第 6 期。

57. 姚国平：《何孟雄在南口工厂革命活动片断》，《北京党史》1990 年第 6 期。

58. 赵秀德：《何孟雄与京绥铁路总工会的建立》，《北京党史》1992 年第 1 期。

59. 赵秀德：《李大钊与中共北京党组织的创立和发展》，《党校教学》1989 年第 5 期。

60. 卢再彬、田林高：《何孟雄同志在淮阴》，《淮阴师专学报》（社会科学版）1983 年第 2 期。

61. 周予同：《火烧赵家楼——五·四·杂·忆》，《复旦学
报》（社会科学版）1979 年第 3 期。

62. 许德珩：《纪念"五四"话北大——我与北大》，《北京大
学学报》（哲学社会科学版）1979 年第 2 期。

63. 罗章龙：《记北方劳动组合书记部》，《社会科学战线》
1980 年第 3 期。

64. 曾景忠：《中国社会主义青年团 1920 年创立辨析》，《广
东党史与文献研究》2022 年第 4 期。

65. 李自华：《中国劳动组合书记部成立情况及初期工作的新
考释》，《中共党史研究》2012 年第 10 期。

66. 苏峰：《北京工读互助团：一场追求"新生活"的社会实
验》，《百年潮》2020 年第 11 期。

67. 曹仲彬：《何孟雄是最早反对立三"左"倾冒险主义的坚
强战士》，《求索》1988 年第 4 期。

68. 王有海：《第一个公开反对立三路线的人——记中共早期
党内斗争中的何孟雄》，《福建党史月刊》2003 年第 6 期。

69. 陈泰生：《"英""雄"夫妻在北京——记缪伯英、何孟雄
在北京的革命活动》，《学习与研究》1987 年第 5 期。

70. 刘汉峰、盛文德：《从〈工人周刊〉出版管窥建党初期北

方工人运动的若干特点》,《印刷文化（中英文）》2023 年第 3 期。

71. 陈静静、黄琴：《何孟雄与〈工人周刊〉》,《湖南工程学院学报》(社会科学版) 2021 年第 4 期。

72. 邱泽艳、黄琴：《论何孟雄工人运动思想及其实践》,《和田师范专科学校学报》2022 年第 3 期。

73. 王相坤：《中共创立时期共产党人的初心解读——何孟雄篇》,《党史文苑》2020 年第 7 期。

74. 成静：《何孟雄：久经考验、以身许党的革命先驱》,《世纪风采》2023 年第 6 期。

75. 李大钊等：《工读互助团募款启事》,《新青年》1920 年第 7 卷第 2 号。

76. 毛泽东：《学生之工作》,《湖南教育月刊》1919 年第 1 卷第 2 号。

77. 王光祈：《工读互助团》,《少年中国》1920 年第 1 卷第 7 期。

78.《北京工读互助团消息》,《新青年》1920 年第 7 卷第 3 号。

79.《工读互助团问题》,《新青年》1920 年第 7 卷第 5 号。

80. 王光祈：《致恽代英》,《少年中国》1921 年第 2 卷第 11 期。

81.恽代英:《致王光祈》,《少年中国》1921年第2卷第12期。

82.恽代英:《为少年中国学会同人进一解》,《少年中国》1922年第3卷第11期。

83.施存统:《"工读互助团"底实验和教训》,《星期评论》1920年第48号。

84.李大钊:《"五一"May Day运动史》,《新青年》1920年第7卷第6号。

85.《北京"五一"运动的真相》,《北京大学学生周刊》1920年第15号。

后　记

"若论文章兼器识，孟雄吾党之白眉。"在从何孟雄的故乡湖南炎陵返回上海的路途上，何孟雄短暂而不懈奋斗的一生在我脑海中一幕一幕地闪过——

五四的热血让他成为一呼百应的北京学生领袖，亢慕义斋的苦读和工读互助团的磨砺让他坚定了马克思主义的信仰；在北京、黑龙江、上海，他四次入狱不改初心；在张家口、南口、沪西，他始终与工人站在一起；在江苏淮安，他又成为农民运动的实践者、革命道路的探索者。在那个新旧中国交替的动荡社会，在那个信仰面临崩塌和重塑的觉醒年代，何孟雄始终以一腔热血投身于党的工作，以真诚赢得了学生、工人、农民的信任和拥护。作为中国共产党最早的党员之一，他的一生光明磊落、可歌可泣，体现了伟大建党精神的内涵。

本书在中共上海市委党史研究室、龙华烈士纪念馆有关领导的关怀和支持下得以顺利完成。感谢上海市委党史研究室严爱云主任的信任和鼓励，感谢科研处年士萍巡视员、马婉副处长的全程指导与帮助，感谢研究二处吴海勇处长，研究三处段春义老师、科研处唐旻红、曹典、郭莹老师的宝贵建议，也感谢科研处胡迎、郭炜老师，龙华烈士纪念馆鲍晓琼老师，中国人民大学博士研究生张恒熙同学在本书资料搜集过程中提供的大力支持。感谢上海市委党史研究室原征编处处长晏蔚青老师、湖南省株洲市委党史研究室原副主任吴志平老师和上海人民出版社的编辑为本书审校出版工作提供的支持帮助。感谢上海市委党史研究室研究二处王砾、研究三处钱晨晨老师在共同写作系列丛书过程中给予的督促和鼓励。

本书资料搜集过程中，还得到了湖南省委党史研究院、江苏省委党史工作办公室以及上海人民出版社的大力支持和帮助，使笔者得以前往湖南炎陵、江苏淮安等何孟雄生活、工作过的地方搜集资料。感谢江苏省委党史工作办公室秘书处耿学忠处长、湖南省委党史研究院综合部陈虹杰老师的联络与支持，感谢淮安市委党史工作办公室资料处成静处长、湖南省株洲市炎陵县档案馆（党史和地方志研究室）谢丽丽副馆长、方序良老师，炎陵县党史专家谭忠诚老师，不厌其烦地为我现场讲解、耐心答疑，并提供了许多珍贵的文献资料，使得本书得以顺利完稿。

"坚持真理、坚守理想，践行初心、担当使命，不怕牺牲、英勇斗争，对党忠诚、不负人民"，伟大建党精神是中国共产党的精神之源，也将建党初期革命先驱们不问生死、甘洒热血的形象高度概括。何孟雄在李大钊的指引下树立起了共产主义理想，从此用自己在革命一线的丰富经验坚持马克思主义真理，用自己的一生践行着入党时的初心与使命。写下"从容莫负少年头"、在国民裁兵大会的台上振臂高呼的那个热血青年，与工人们同吃同住、娓娓道来谁是工人之友的那位"密查员"，是引领身边同学、同乡、后辈走上革命道路的领路人，也是四次入狱、痛失爱妻，历经坎坷却仍然慷慨坦然的革命者。

如今革命者虽逝，而理想之光不灭，信念之光不灭。

谨以此书献给为共产主义奋斗终身的先驱者和后来人。

程千里

2024 年 12 月

图书在版编目(CIP)数据

何孟雄画传 / 中共上海市委党史研究室，龙华烈士
纪念馆编 ；程千里著. -- 上海 ：上海人民出版社，
2025. -- ISBN 978-7-208-19357-4

Ⅰ. K827＝6

中国国家版本馆 CIP 数据核字第 2025L7G324 号

责任编辑　　沈骁驰
封面设计　　周伟伟

何孟雄画传

中共上海市委党史研究室 编
龙 华 烈 士 纪 念 馆
程千里 著

出　　版　上海人民出版社
　　　　　（201101　上海市闵行区号景路 159 弄 C 座）
发　　行　上海人民出版社发行中心
印　　刷　上海中华印刷有限公司
开　　本　720×1000　1/16
印　　张　14
字　　数　119,000
版　　次　2025 年 1 月第 1 版
印　　次　2025 年 1 月第 1 次印刷
ISBN 978 - 7 - 208 - 19357 - 4/K・3458
定　　价　90.00 元